Le Livre d'Hénoch

Letouzey & Ané, Paris, 1906

© 2024, Anonyme (domaine public)
Édition : BoD · Books on Demand, 31 avenue Saint-Rémy, 57600 Forbach, bod@bod.fr
Impression : Libri Plureos GmbH, Friedensallee 273, 22763 Hamburg (Allemagne)
ISBN : 978-2-3225-5949-7
Dépôt légal : Mars 2025

LE
LIVRE D'HÉNOCH
TRADUIT
SUR LE TEXTE ÉTHIOPIEN
PAR
François MARTIN
PROFESSEUR DE LANGUES SÉMITIQUES A
L'INSTITUT CATHOLIQUE DE PARIS
ET PAR
L. DELAPORTE — J. FRANÇON
R. LEGRIS — J. PRESSOIR
MEMBRES DE LA CONFÉRENCE D'ÉTHIOPIEN
(1904)
DE L'INSTITUT CATHOLIQUE DE PARIS

PARIS
LETOUZEY ET ANÉ
76 bis, RUE DES SAINTS-PÈRES
1906

Les apocryphes de l'Ancien Testament

INTRODUCTION

CHAPITRE I. Analyse du livre

CHAPITRE II. Les doctrines
- § 1. Dieu
- § 2. Le monde
- § 3. Les anges, les démons et les satans
- § 4. L'homme et le péché
- § 5. Eschatologie : Le séjour des âmes. — La résurrection. — Le Messie. — Le jugement. — L'enfer. — Le royaume

CHAPITRE III. Histoire du livre
- § 1. Versions et original
- § 2. Le problème littéraire
- § 3. Dates et auteurs
- § 4. Le livre d'Hénoch depuis sa composition jusqu'à nos jours
  - *a)* Le livre d'Hénoch dans la littérature juive
  - *b)* Le livre d'Hénoch dans le Nouveau Testament et la littérature chrétienne

BIBLIOGRAPHIE

ABRÉVIATIONS ET SIGNES CRITIQUES

LIVRE D'HÉNOCH

INTRODUCTION

(Chap. I-V)

CHAPITRE I. Prédiction du jugement dernier
CHAPITRE II. L'ordre dans la création
CHAPITRE III. Les diverses sortes d'arbres
CHAPITRE IV. La chaleur
CHAPITRE V. Désordre et châtiment des pécheurs

Ire PARTIE

CHUTE DES ANGES ET ASSOMPTION D'HÉNOCH

(CHAP. VI-XXXVI)

CHAPITRE VI. L'union des anges avec les filles des hommes
CHAPITRE VII. Naissance et méfaits des géants
CHAPITRE VIII. Ce que les mauvais anges ont appris aux hommes
CHAPITRE IX. Intervention des bons anges
CHAPITRE X. Dieu ordonne le déluge et le châtiment des mauvais anges par le feu éternel ; il prédit le bonheur des justes
CHAPITRE XI. Bénédictions divines

Chapitre XII. Assomption et mission d'Hénoch auprès des mauvais anges

Chapitre XIII. Les anges déchus demandent à Hénoch d'intercéder pour eux

Chapitre XIV. Vision d'Hénoch : le châtiment des mauvais anges ; la demeure et le trône de Dieu

Chapitre XV. Dieu charge Hénoch de représenter aux mauvais anges l'énormité de leur faute

Chapitre XVI. Les veilleurs seront punis pour avoir communiqué aux hommes un secret funeste

Chapitre XVII. Hénoch est emporté au séjour de la tempête, de la lumière, du tonnerre, etc.

Chapitre XVIII. Vision des vents, de sept montagnes de pierres précieuses, d'un abîme de feu et de sept étoiles enchaînées aux extrémités du ciel et de la terre

Chapitre XIX. Le sort des mauvais anges et de leurs femmes

Chapitre XX. Les noms et les rôles des saints anges

Chapitre XXI. La faute des sept étoiles. — L'abîme de feu, prison des mauvais anges

Chapitre XXII. Le séjour des âmes des morts avant le jugement

Chapitre XXIII. Le feu qui poursuit les lumières du ciel

Chapitre XXIV. Hénoch voit sept montagnes splendides et un arbre merveilleux

Chapitre XXV. Michaël explique à Hénoch la vision des sept montagnes et de l'arbre merveilleux
Chapitre XXVI. Hénoch voit d'autres montagnes séparées par des vallées profondes
Chapitre XXVII. Uriel explique à Hénoch que la vallée maudite (la Géhenne) est destinée aux maudits
Chapitre XXVIII. Hénoch voit un cours d'eau
Chapitre XXIX. Les arbres du jugement
Chapitre XXX. Nouveaux arbres odoriférants
Chapitre XXXI. Le nectar ; le fruit de l'aloès
Chapitre XXXII. Le paradis terrestre et l'arbre de la science
Chapitre XXXIII. Les extrémités de la terre et les portes par où se lèvent les astres
Chapitre XXXIV. Les portes et les vents du nord
Chapitre XXXV. Les portes et les issues de l'ouest
Chapitre XXXVI. Les portes du midi et de l'orient

IIe PARTIE

LIVRE DES PARABOLES

(Chap. XXXVII-LXXI)

Chapitre XXXVII. Seconde vision d'Hénoch : trois paraboles lui sont révélées
Chapitre XXXVIII. Première parabole : sort funeste des pécheurs au jour du jugement

Chapitre XXXIX. Le séjour des justes et de l'Élu de justice

Chapitre XL. Les quatre archanges : Michaêl, Raphaël, Gabriel et Phanuel

Chapitre XLI. Le séjour des élus. — Les secrets des éléments, du soleil et de la lune

Chapitre XLII. Le séjour de la sagesse et celui de l'injustice

Chapitre XLIII. Les révolutions des étoiles ; leur signification symbolique

Chapitre XLIV. Les étoiles qui se transforment en éclairs

Chapitre XLV. Seconde parabole : le sort des renégats ; la transformation des cieux et de la terre

Chapitre XLVI. La « Tête des jours » et le Fils de l'homme

Chapitre XLVII. Le sang des justes crie vengeance. Joie des saints à rapproche de cette vengeance

Chapitre XLVIII. La source de justice. — Le Fils de l'homme, lumière et espoir des peuples. — Châtiment des rois et des puissants

Chapitre XLIX. Puissance et sagesse de l'Élu

Chapitre L. Gloire des justes et malheur des pécheurs au jour de l'Élu

Chapitre LI. L'Élu choisira les justes parmi les morts que la terre et le scheol rendront. Ces justes habiteront sur la terre

Chapitre LII. Les montagnes de métaux fondront devant l'Élu

Chapitre LIII. La vallée sans fond. — Les anges du châtiment préparent les instruments de Satan. — La maison de l'assemblée de l'Élu

Chapitre LIV. La vallée de feu. — Les instruments du supplice des mauvais anges. — Le fléau de Dieu (déluge)

Chapitre LV. Serment de la « Tête des jours ». — L'arc-en-ciel placé comme un signe dans les cieux

Chapitre LVI. Les anges du châtiment jetteront leurs élus dans la crevasse de la vallée. — Marche des rois des Parthes et des Mèdes contre la terre des élus de Dieu. — Leur anéantissement dans le scheol

Chapitre LVII. Des chars montés par des hommes et portés sur les vents traversent le ciel

Chapitre LVIII. Troisième parabole sur le bonheur des saints

Chapitre LIX. Les éclairs, les luminaires et le tonnerre

Chapitre LX. L'agitation du ciel. — Béhémoth et Léviathan. — Les éléments

Chapitre LXI. Les anges vont mesurer le séjour des justes. — Jugement des saints par l'Élu

Chapitre LXII. Jugement des rois et des puissants. — Bonheur des justes

Chapitre LXIII. Les rois et les puissants supplient inutilement leur juge

Chapitre LXIV. Lieu du châtiment des mauvais anges

Chapitre LXV. Hénoch prédit à Noé le châtiment des autres hommes et sa préservation

Chapitre LXVI. Les anges du châtiment se préparent à délier les puissances de l'eau

Chapitre LXVII. Promesses de Dieu à Noé. — Les fleuves de feu où sont châtiés les mauvais anges et où seront punis un jour les rois et les puissants

Chapitre LXVIII. Michaël et Raphaël s'étonnent de la sévérité du châtiment des anges

Chapitre LXIX. Les noms et les rôles des mauvais anges. — Le serment mystérieux qu'ils ont révélé

Chapitre LXX. Assomption d'Hénoch

Chapitre LXXI. Hénoch est admis à contempler les secrets et les splendeurs des cieux. — Promesses de la Tête des jours

IIIe PARTIE

LIVRE DU CHANGEMENT DES LUMINAIRES DU CIEL

(Chap. LXXII-LXXXII)

Chapitre LXXII. La loi du soleil

Chapitre LXXIII. Première loi de la lune : ses phases

Chapitre LXXIV. Seconde loi de la lune : l'année lunaire

Chapitre LXXV. Les jours intercalaires. — L'ange Uriel préposé aux astres. — Les portes du soleil

Chapitre LXXVI. Les douze vents et leurs portes

Chapitre LXXVII. Les quatre régions de l'univers. — Les sept montagnes. Les sept fleuves. Les sept îles

Chapitre LXXVIII. Le soleil et la lune

Chapitre LXXIX. Résumé des lois des astres

Chapitre LXXX. Prodiges des derniers jours. Châtiment des pécheurs

Chapitre LXXXI. Les tablettes du ciel. — Mission d'Hénoch

Chapitre LXXXII. Recommandations à Mathusala. — Les jours intercalaires. — Les astres et leurs guides

IVe PARTIE

LIVRE DES SONGES

(Chap. LXXXIII-XC)

Chapitre LXXXIII. Premier songe d'Hénoch. Son grand-père Malaleel le lui explique

Chapitre LXXXIV. Hénoch demande à Dieu de ne pas anéantir sa postérité

Chapitre LXXXV. Deuxième songe d'Hénoch. — Histoire du monde.

Chapitre LXXXVI. Suite de l'histoire du monde. — Les étoiles et les taureaux

Chapitre LXXXVII. Apparition de sept hommes blancs (les anges).

Chapitre LXXXVIII. Les bons anges châtient les anges déchus.

Chapitre LXXXIX. Histoire du monde depuis Noé. — Les soixantedix pasteurs d'Israël

Chapitre XC. Suite de l'histoire des soixante-dix pasteurs et des derniers temps d'Israël. — Les temps messianiques et le jugement final

Ve PARTIE

LIVRE DE L'EXHORTATION ET DE LA MALÉDICTION

(Chap. XCI-CV)

Chapitre XCI. Exhortation d'Hénoch à ses enfants. — Prédictions sur le châtiment des pécheurs

Chapitre XCII. Récompense des justes. Destruction des pécheurs

Chapitre XCIII. Apocalypse des semaines. Prédictions d'Hénoch sur les dix Semaines qui s'écouleront depuis sa naissance jusqu'à la fin des temps

Chapitre XCIV. Exhortations aux justes. Malédictions contre les impies
Chapitre XCV. Tristesse d'Hénoch. — Nouvelles malédictions
Chapitre XCVI. Motifs d'espérance pour les justes, de crainte pour les pécheurs
Chapitre XCVII. Malheur à ceux qui commettent l'injustice et qui possèdent des richesses mal acquises
Chapitre XCVIII. Les mauvaises actions sont connues de Dieu : malheur aux insensés et aux pécheurs
Chapitre XCIX. Malheur aux impies, aux transgresseurs de la loi, aux idolâtres, etc. Bonheur de ceux qui marchent dans la voie de la justice
Chapitre C. Les pécheurs s'extermineront les uns les autres. Au jour du grand jugement, les anges veilleront sur les justes tandis que les pécheurs iront brûler dans une fournaise de feu
Chapitre CI. Exhortation à la crainte du Tout-Puissant : toute la nature tremble devant lui, à l'exception des pécheurs
Chapitre CII. Terreur des derniers jours. Malheur apparent des justes
Chapitre CIII. Solution de l'énigme apparente qu'est la vie des justes. Nouvelles objections des pécheurs
Chapitre CIV. Assurances données aux justes. Apostrophe aux pécheurs et aux falsificateurs de

la parole de vérité

Chapitre CV. Dieu ordonne aux justes de publier la sagesse des écrits d'Hénoch

APPENDICE

(Chap. CVI-CVIII)

Chapitre CVI. Fragment noachique

Chapitre CVII. Prédiction des crimes des générations futures qu'à l'avènement des temps messianiques

Chapitre CVIII. Dernières exhortations : assurances sur le châtiment des pécheurs et la récompense des justes

LES APOCRYPHES DE L'ANCIEN TESTAMENT

Les études d'exégèse occupent aujourd'hui dans les sciences ecclésiastiques une place qui devient tous les jours plus considérable. Le temps n'est plus, quoiqu'il ne soit pas encore bien éloigné, où un théologien attardé pouvait les traiter d'accessoires sans soulever de trop vives protestations. Les grandes découvertes archéologiques et historiques qui s'accomplissent en Orient depuis un demi-siècle et l'application d'une méthode plus rigoureuse à l'étude des textes ont soulevé des problèmes d'une importance capitale. Par là même, elles ont ramené ces études au premier plan des préoccupations de tous ceux qu'intéresse la question religieuse, autant dire aujourd'hui de tous ceux qui pensent.

Les incrédules y voient un moyen puissant, irrésistible, de ruiner par la base la foi chrétienne ; à les entendre, l'histoire des origines de nos croyances et nos croyances mêmes présentent des antinomies irréductibles, les faits sont en contradiction avec la foi. Les esprits qui flottent dans le doute croient trouver dans cette prétendue contradiction un des obstacles les plus formidables qui se dressent sur le chemin de la croyance. Et beaucoup de catholiques eux-mêmes demandent à être rassurés.

Les défenseurs attitrés de la foi, les membres du clergé, sentent bien la gravité de la situation. A côté des partisans encore trop nombreux d'une exégèse vieillie, beaucoup reconnaissent même la nécessité de descendre sur le terrain où leurs ennemis les appellent, de remonter aux sources et d'étudier les documents, pour les confronter ensuite avec les opinions théologiques comme avec les dogmes. Les autres méthodes, la méthode *à priori* et la méthode d'autorité, seraient en effet fatalement stériles si elles étaient employées d'une manière exclusive. On ne résout pas des difficultés historiques ou textuelles à coups de syllogismes, sans s'exposer à de cruels mécomptes. Et si la méthode d'autorité peut retenir quelques croyants, elle reste sans action sur la foule qui vit en dehors de l'Église. Elle peut être dans une certaine mesure une méthode de préservation, elle n'est pas une méthode d'apostolat et de conquête.

Mais il y a encore loin de la théorie à la pratique : les principes professés par un assez grand nombre d'esprits sont excellents, leur application laisse quelque peu à désirer. Entraînés par notre tempérament national très épris de généralisation, par une formation intellectuelle qui ne nous avait guère habitués à l'étude patiente des textes et à l'observation des faits, pressés aussi, il faut bien le dire, par des besoins urgents, nous nous sommes dès l'abord portés de préférence vers la synthèse. Dans ces dernières années, d'assez nombreux essais ont paru dans le domaine de l'exégèse, grands ouvrages ou articles de revue et de dictionnaire, de mérite très divers.

Trop souvent leurs auteurs, dépourvus de formation scientifique, incapables de se servir des originaux, de recourir même aux ouvrages des spécialistes, armés d'une bibliographie en retard de quelque vingt ans, ont produit des travaux déjà vieux quand ils voyaient le jour. Ceux qui liront ces lignes seraient peut-être fort étonnés devant les faits et les noms qu'on pourrait citer à l'appui. A vrai dire, il y en a dans tous les camps. Mais il serait injuste de faire retomber sur des hommes de bonne volonté la responsabilité d'un état de choses qu'ils n'ont pas créé, qu'ils ont subi, comme nous l'avons tous fait à quelque degré, et dont ils sont les premières victimes.

Plus heureux, quelques-uns de nos exégètes, ils ne sont pas encore légion, ont pu, grâce à des circonstances très spéciales, mettre en valeur des talents personnels remarquables, acquérir une formation excellente et devenir des hommes de premier mérite. Les conclusions de leurs travaux et leur philosophie religieuse sont parfois discutables ; il faut reconnaître qu'ils sont au courant des derniers progrès de la critique textuelle et de la critique littéraire, et des données les plus récentes de l'histoire et de l'archéologie. Mais il est un point sur lequel tous se rencontrent : les uns et les autres se sont adressés à un public qui n'était pas préparé à les entendre, qui n'avait pas en mains les pièces du procès, qui était par conséquent incapable de les juger sinon sur le terrain des principes philosophiques ou théologiques. Lors de la publication de quelques-unes des synthèses dont je parlais tout à l'heure, nous avons assisté à un spectacle singulier : ici elles ont suscité une hostilité marquée, là elles ont provoqué des enthousiasmes ardents ; mais ici et là, souvent, je ne dis pas toujours, on s'est prononcé pour des motifs respectables sans doute, mais tout *à priori*. Beaucoup d'adversaires ont combattu, uniquement parce qu'ils croyaient la foi en danger ; beaucoup de partisans ont soutenu, parce que les conclusions leur semblaient s'accorder avec leurs vues philosophiques personnelles. Des deux côtés on s'est laissé guider quelquefois par des motifs plus extérieurs encore.

De la question de fond, de la question de savoir si les théories proposées étaient réellement la conséquence rigoureuse, l'explication nécessaire des textes et des faits, on s'est généralement trop peu soucié et pour cause.

Pour l'aborder, ou bien on aurait dû recourir aux originaux soit de la Bible, soit de la littérature apocryphe, soit de la littérature historique et religieuse des peuples voisins du peuple juif ; ou bien il aurait fallu au moins pouvoir consulter tous ces textes dans des traductions claires et exactes, mises à la portée de tous par les introductions et les notes explicatives nécessaires.

L'emploi du premier procédé, surtout en ce qui touche à l'Ancien Testament, suppose une initiation que n'ont pas reçue un grand nombre de professeurs d'Écriture sainte eux-mêmes. Pendant longtemps on les a improvisés un peu au petit bonheur. Aujourd'hui un sentiment plus vif des besoins actuels et la création des Instituts catholiques et d'organismes comme la jeune école de langues sémitiques de l'Institut catholique de Paris[1] ont amené un commencement de progrès. Mais ce progrès ne sera réel que lorsque, avec la disparition des préjugés, tous les prêtres appelés à l'enseignement de l'exégèse devront passer par les grandes écoles normales du clergé que sont nos Instituts catholiques.

En tout cas, cette forte initiation ne sera jamais que l'apanage d'une élite. Nous ne pouvons pas raisonnablement espérer que le jour viendra où tous les lecteurs des ouvrages d'exégèse seront eux-mêmes des exégètes de profession. Et pourtant si les membres du clergé, ceux du ministère aussi bien que les professeurs de théologie, veulent être à la hauteur de leur mission, ils doivent se tenir au courant de la question biblique ; ils doivent être à même de suivre et de comprendre les travaux dont elle fait l'objet, d'apprécier la valeur des solutions proposées, de dégager peu à peu l'enseignement catéchistique d'une gangue qui finirait par l'étouffer. Il faut qu'ils puissent éclairer les esprits inquiets qui viendraient leur exposer leurs doutes, on en trouve aujourd'hui dans les plus humbles paroisses ; tout au moins qu'ils ne les rejettent pas hors du catholicisme, en leur donnant pour des dogmes les opinions d'un manuel, ou en proscrivant au nom de l'Église des manières de voir qu'elle n'a pas condamnées.

Pour réaliser sa tâche, cette immense majorité n'a évidemment à sa disposition qu'un procédé scientifique abordable : la comparaison des constructions exégétiques avec la traduction des originaux. Hors de là et hors le cas de l'intervention de l'Église, devant laquelle il est bien entendu que nous, catholiques, nous nous inclinons tous, elle sera réduite à tout accepter ou à tout rejeter au gré de ses goûts personnels et de ses opinions en matière de philosophie religieuse et de théologie. Elle ne pourra même pas saisir la position du problème tant qu'elle n'en connaîtra les éléments que d'une manière approximative et imparfaite. Est-il besoin d'ajouter que souvent la lecture des textes peut plus que de longs discours pour éclairer un homme intelligent et pour déraciner des opinions erronées ?

Elle lui permet au moins de faire sans peine le départ des conclusions qui jaillissent de l'étude des documents et des faits, les seules qui s'imposent et qui restent, de celles qui n'ont pour point d'appui que des systèmes préconçus.

Il semble donc qu'une des œuvres les plus urgentes en ces matières soit de vulgariser les sources par des traductions critiques.

On y travaille pour la Bible depuis quelque temps. La traduction de Crampon, « revisée par des Pères de la Compagnie de Jésus avec la collaboration de professeurs de Saint-Sulpice, » a évincé dans ces derniers mois la traduction protestante de Segond, qui longtemps avait régné chez nous sans partage ; et de plusieurs côtés commencent à paraître des traductions et commentaires, très au point, des diverses parties de la Bible.

Seule, la littérature qu'on pourrait appeler extrabiblique est restée jusqu'ici en dehors du mouvement. Les Annales des rois d'Assyrie, les légendes mythologiques des Babyloniens, leurs textes rituels et juridiques, leurs psaumes et leurs hymnes, les inscriptions phéniciennes, les livres apocryphes de l'Ancien et du Nouveau Testament, les Targums, sont confinés ou disséminés dans des ouvrages spéciaux ou dans des traductions en langues étrangères, où ils gisent inconnus et inaccessibles à la foule des lecteurs.

C'est cette lacune que je voudrais combler, en publiant dans des recueils manuels à la portée du grand public la traduction critique et annotée de tous ces documents, à l'exception des Apocryphes du Nouveau Testament.

L'entreprise n'est pas sans difficultés, je ne me le dissimule pas. Elle ne saurait être l'œuvre ni d'un jour ni d'un homme. J'ose espérer que ceux qui y prendront intérêt voudront bien m'accorder quelque crédit, et que les collaborateurs ne me feront pas défaut.

Je commencerai par les Apocryphes de l'Ancien Testament.

Ces Apocryphes sont des livres d'un contenu historique, apocalyptique ou moral, assez analogue à celui des écrits de l'Ancien Testament, mais qui n'ont jamais été reconnus par l'Église comme canoniques[2]. Un assez grand nombre ont été faussement attribués à des personnages de l'Ancien Testament : tels le *Livre d'Hénoch*, le *IVe Livre d'Esdras*, etc.

Les principaux de ces livres sont : la *Prière de Manassé*, les *Psaumes de Salomon*, la *Lettre d'Aristée*, les *IIIe et IVe Livres d'Esdras*, les *IIIe et IVe Livres des Machabées*, le *Livre d'Hénoch*, les *Secrets d'Hénoch*, le *Livre des Jubilés* ou *Petite Genèse*, le *Martyre d'Isaïe*, les *Livres sybillins*, l'*Assomption de Moïse*, les *Apocalypses de Baruch* (une en syriaque et une en grec), le *Testament des douze Patriarches* (grec), *le Testament de Nephtali* (hébreu), la *Vie d'Adam et d'Ève*, l'*Histoire d'Ahikar*.

Leur composition s'échelonne sur un espace de quatre siècles environ, depuis le IIe siècle avant jusqu'au IIe siècle après Jésus-Christ. La plupart de leurs auteurs sont des Juifs judaïsants et des Pharisiens : ils n'ont écrit que pour glorifier le judaïsme et la Loi, pour lutter contre les séductions de l'hellénisme. Les Apocryphes de l'Ancien Testament sont donc l'expression fidèle de la pensée juive[3] dans les temps qui ont immédiatement précédé ou qui ont accompagné la venue du Sauveur. Ils traduisent les croyances des contemporains sur le Messie attendu et le royaume messianique, le séjour des âmes des morts avant la résurrection, la fin des temps, le jugement et la rétribution, l'angélologie, la démonologie, etc.

C'est assez dire l'importance qu'ils présentent pour l'étude de quelques-uns des problèmes exégétiques qui ont le plus vivement passionné l'opinion dans ces derniers temps. L'un d'eux, le *Livre d'Hénoch*, a même exercé une influence si considérable à l'époque de son apparition, qu'il a été formellement cité par un des écrivains du Nouveau Testament, l'apôtre saint Jude (14-15). Cette influence n'a pas pris fin avec l'apparition du christianisme ; plusieurs Pères l'ont encore subie dans une large mesure, tout comme celle du *IVe Livre d'Esdras*. Cependant ces documents sont à peine connus en France. Ainsi le *Livre d'Hénoch* n'a été traduit en entier que dans le *Dictionnaire des Apocryphes* de Migne en 1856, sur la première édition ; d'autres, comme le *Livre des Jubilés*, n'ont pas encore été traduits en français !

Quelques Apocryphes, comme les *Psaumes de Salomon*, le *Livre d'Hénoch*, le *Livre des Jubilés* y ont été composés en hébreu ; d'autres, en grec. Les originaux hébreux sont tous perdus ; le texte hébreu du *Testament de Nephtali* ne serait, d'après certains critiques, qu'une espèce de traduction très large ou d'adaptation faite assez tard par un Juif sur le grec. Une grande partie des Apocryphes ne nous est donc parvenue que dans des versions rédigées en éthiopien, en syriaque, en arabe, en arménien, en slave, en grec ou en latin.

Pour traduire des documents aussi nombreux, conservés en des langues aussi diverses, j'ai dû faire appel à la collaboration d'un certain nombre de spécialistes. Quelques-uns, et non des moindres, ont bien voulu déjà m'assurer leur concours. Ce sont M. Boxler, agrégé de l'Université, professeur de grec à l'Institut catholique de

Paris (*Les Livres sybillins*) ; M. Cersoy, docteur en théologie, ancien professeur d'Écriture sainte (*Les Apocalypses de Baruch*) ; M. Labourt, docteur en théologie et docteur es lettres (*IIIe et IVe Livres d'Esdras, IIIe et IVe Livres des Machabées*) ; M. Nau, docteur es sciences, diplômé de l'École pratique des Hautes-Études, professeur à l'Institut catholique de Paris {l'*Histoire d'Ahikar* et la *Vie d'Adam et d'Ève*) ; M. Touzard, professeur à l'Institut catholique de Paris {*Le Testament de Nephtali*, texte hébreu) ; M. Viteau, docteur es lettres (*Prière de Manassé, Lettre d'Aristée, Psaumes de Salomon, Testament des douze Patriarches*).

A moi-même et à mes élèves de l'Institut catholique, j'ai réservé le *Livre d'Hénoch*, le *Livre des Jubilés* et le *Martyre d'Isaïe*, qui nous sont parvenus dans une version éthiopienne. Les membres de la conférence d'éthiopien de ont déjà traduit sous ma direction le *Livre d'Hénoch* que nous publions aujourd'hui ; ceux de la conférence de préparent en ce moment le *Livre des Jubilés*[4].

Il va de soi que, dans ces matières délicates et dans ces domaines philologiques très distincts, chaque auteur portera l'entière responsabilité de son propre travail. Néanmoins, pour donner à notre publication la seule unité possible, nous suivrons tous, au moins dans ses grandes lignes, un plan uniforme.

La traduction de chacun des Apocryphes comprendra une introduction, le corps de l'ouvrage et des tables détaillées.

Dans l'introduction, après avoir donné une analyse succincte du livre, nous en mettrons en relief les doctrines, en les dégageant de leur enveloppe apocalyptique ou allégorique, qui les rend trop souvent inintelligibles aux lecteurs. Nous tracerons ensuite l'histoire du livre et nous donnerons les dernières conclusions de la critique sur les questions d'original, de versions, de date et d'auteur ou d'auteurs. L'introduction se terminera par la bibliographie des éditions et des traductions du livre et des principaux travaux dont il a été l'objet.

La traduction sera faite sur la meilleure édition connue. Elle sera accompagnée de deux sortes de notes. Les unes donneront, s'il y a lieu, les variantes intéressantes des manuscrits dont la leçon n'aura pas été adoptée par l'éditeur ; les autres, les explications philologiques, historiques et exégétiques nécessaires pour l'intelligence de textes quelquefois altérés, assez souvent obscurs. Nous renverrons avec un soin particulier aux passages de l'Ancien Testament dont les Apocryphes se sont inspirés, et surtout à ceux du Nouveau qui paraissent en reproduire les expressions ou en refléter les doctrines.

Deux tables, l'une des matières et des noms propres rangés par ordre alphabétique, l'autre des textes de l'Écriture sainte cités dans l'introduction, le corps de l'ouvrage ou les notes, permettront de retrouver rapidement les renseignements fournis par les Apocryphes.

Puissent ces travaux rendre aux exégètes tous les services qu'ils sont en droit d'en attendre ! Puissent-ils surtout apporter leur part de lumière dans les graves débats engagés aujourd'hui sur les questions bibliques !

François MARTIN.

1. ↑ Cf. François MARTIN, *L'enseignement des langues sémitiques à l'institut catholique de Paris*, dans le *Bulletin trimestriel des anciens élèves de Saint-Sulpice*, 15 août 1904. — Dans le rapport qu'il a adressé selon l'usage à la S. Congrégation des Études sur le cycle des trois dernières années, Mgr Péchenard, recteur de l'Institut catholique de Paris, a exposé la nouvelle organisation de l'enseignement des langues sémitiques à l'institut catholique et l'institution de diplômes correspondant à cette branche d'études. La S. Congrégation a répondu en ces termes, le 28 juillet 1905 : « Sed in his maximis rebus, quæ huic S. Congregationi Studiorum vehementer gratæ fuerunt, illud sane fuit quam gratissimum, quod instituta est linguarum semiticarum sive veterum orientalium disciplina, quæ potiores gravioresque, id est linguam assyriacam, hebraicam, syriacam, ethiopicam, arabicam complecteretur. Etenim cum nihil antiquius sit S. Sedi quam ut studia sacras Scripturæ, utpote quæ catholicam contineat fidem, apud catholicas Universitates vigeant et floreant, quem fugit semiticarum linguarum interiorem ac reconditam cognitionem esse viam quæ ducat ad eas probe interpretandas et exponendas, ad quæstiones denique de Christi Ecclesiæ decretis sive dogmatibus enodandas ac dirimendas ? Præsertim cum hodie christianæ legis hostes acerrime pugnent ut harum linguarum adjumento Christi Ecclesiam labefactent ? Atque, hoc plane prudens fuit consilium duo singularia in iis linguis statuta esse diplomata, quo alumni in earumdem studia alacrioribus animis incumberent, illis decernenda qui, facto periculo, ipsarum linguarum eruditione longe aliis excellerent. »
2. ↑ Les protestants appellent ces livres « pseudépigraphes » ; ils réservent la dénomination d'apocryphes aux livres deutérocanoniques.
3. ↑ Quelques-uns, surtout les plus récents, ont subi des interpolations ou des additions d'origine chrétienne, parfois considérables. Pour des motifs d'ordre bibliographique faciles à comprendre, nous n'exclurons pas ces fragments de notre publication, nous donnerons même en un seul recueil tous les Livres sibyllins, qu'ils soient d'origine chrétienne ou d'origine juive. Nous nous contenterons d'en signaler la provenance et la date probables.
4. ↑ C'est grâce aux libéralités de l'*Association pour l'encouragement des études supérieures du clergé* que deux de ces jeunes ecclésiastiques ont

pu prolonger leurs études et prendre part à l'exécution de ces travaux.

ABRÉVIATIONS ET SIGNES CRITIQUES

Beer	Beer, D*as Buch Henoch*, dans Kautzsch, *Die Apokryphen und Pseudepigraphen des Alten Testaments*, Tubingue, 1900, p. 217-310.
Charles	Charles, *The Book of Enoch*, Oxford, 1893.
Diels	Corrections proposées par Diels, professeur à Berlin, dans Flemming, *Das Buch Henoch*, 1901 (traduction allemande).
Dillman	Dillmann, *Das Buch Henoch übersetzt und erklärt*, Leipzig, 1853.
Flemming	Flemming, *Das Buch Henoch, äthiopischer Text*, Leipzig, 1902.
Halévy	Halévy, *Recherches sur la langue de la rédaction primitive du Livre d'Henoch*, dans le *Journal asiatique*, 1867, p. 352 à 395.
Lods	Lods, *Le Livre d'Henoch, fragments grecs découverts à Akhmîm*, etc., Paris, 1892.
Radermacher	Flemming und Radermacher, *Das Buch Henoch*, Leipzig, 1901 (traduction allemande avec édition du texte grec par Radermacher).

Le 1e groupe = G, M, Q, T, U.
Le 2e groupe = A, B, C, D, E, P, V, W, Y[1].
< > restitutions.
[ ] interpolations.
( ) mots ajoutés par les traducteurs pour l'intelligence du texte.

Les chiffres 1, 2, 3, etc., renvoient aux variantes du texte éthiopien;
les lettres a, b, c, etc., aux variantes du texte grec.

Les traducteurs ont suivi généralement pour l'éthiopien l'édition de Flemming, pour le grec celle de Radermacher. Les citations de la Bible sont empruntées à la traduction de Crampon, *édition revisée par des Pères de la Compagnie de Jésus avec la collaboration de professeurs de Saint-Sulpice*, Paris, 1904.

1. ↑ Voir supra, p. LXI.

Chapitre [1.](#) [2.](#) [3.](#) [4.](#) [5.](#) [6.](#) [7.](#) [8.](#) [9.](#) [10.](#) [11.](#) [12.](#) [13.](#) [14.](#) [15.](#) [16.](#) [17.](#) [18.](#) [19.](#) [20.](#) [21.](#) [22.](#) [23.](#) [24.](#) [25.](#) [26.](#) [27.](#) [28.](#) [29.](#) [30.](#) [31.](#) [32.](#) [33.](#) [34.](#) [35.](#) [36.](#) [37.](#) [38.](#) [39.](#) [40.](#) [41.](#) [42.](#) [43.](#) [44.](#) [45.](#) [46.](#) [47.](#) [48.](#) [49.](#) [50.](#) [51.](#) [52.](#) [53.](#) [54.](#) [55.](#) [56.](#) [57.](#) [58.](#) [59.](#) [60.](#) [61.](#) [62.](#) [63.](#) [64.](#) [65.](#) [66.](#) [67.](#) [68.](#) [69.](#) [70.](#) [71.](#) [72.](#) [73.](#) [74.](#) [75.](#) [76.](#) [77.](#) [78.](#) [79.](#) [80.](#) [81.](#) [82.](#) [83.](#) [84.](#) [85.](#) [86.](#) [87.](#) [88.](#) [89.](#) [90.](#) [91.](#) [92.](#) [93.](#) [94.](#) [95.](#) [96.](#) [97.](#) [98.](#) [99.](#) [100.](#) [101.](#) [102.](#) [103.](#) [104.](#) [105.](#)

CHAPITRE I.

Prédiction du Jugement dernier.

1. Parole de bénédiction d'Hénoch[1], comment il bénit les élus et les justes qui vivront au jour de l'affliction, pour repousser tous les méchants[2] et les impies < tandis que les justes seront sauvés >. 2. Hénoch prit donc la parole[3] et < prononçant sa parabole >, il dit, lui, l'homme juste dont les yeux ont été ouverts par le Seigneur, et qui a vu la vision du Saint qui est dans les cieux, que m'ont montrée les anges : J'ai tout appris d'eux, et j'ai compris, moi, ce que je

voyais ; et ce n'est point pour cette génération, mais pour celle qui vient, lointaine. 3. C'est au sujet des élus que je parle, à leur sujet que je prononce une parabole : Il sortira de sa demeure, le Saint et le Grand. 4. Le Dieu du monde marchera de là sur la montagne du Sinaï, et il apparaîtra au milieu de son armée ; et dans la force de sa puissance il apparaîtra du haut des cieux. 5. Et tous seront dans l'épouvante, et les veilleurs trembleront ; la crainte et un grand tremblement les saisiront jusqu'aux extrémités de la terre. 6. Les hautes montagnes seront ébranlées, et les collines élevées seront abaissées, et elles fondront comme la cire devant la flamme. 7. Et la terre se déchirera, et tout ce qui est sur la terre périra, et alors aura lieu un jugement sur toutes choses [et sur tous les justes]. 8. Aux justes il (le Seigneur) donnera la paix, et il gardera les élus ; sur eux reposera la clémence ; ils seront tous de Dieu, et ils seront heureux, et ils seront bénis, et c'est pour eux que brillera la lumière de Dieu. 9. Et voici, il vient, avec des myriades de saints pour exercer sur eux le jugement, et il anéantira les impies, et il châtiera tout ce qui est chair, pour tout ce qu'ont fait et commis contre lui les pécheurs et les impies.

CHAPITRE II.

L'ordre dans la création.

1. Considérez toutes les œuvres dans le ciel : comment les luminaires des cieux ne s'écartent pas de leur route ; comment tous se lèvent et se couchent, ordonnés chacun selon son temps, et ne transgressent pas leur ordre. 2. Regardez la terre et examinez l'œuvre qui s'accomplit sur elle, depuis le commencement jusqu'à la fin, comment aucune œuvre de Dieu ne change dans sa manifestation. 8. Voyez l'été et l'hiver, comme la terre entière est pleine d'eau, et les nuages et la rosée et la pluie reposent sur elle.

CHAPITRE III.

Les diverses sortes d'arbres.

Considérez et voyez tous les arbres comment ils apparaissent ; comment se dessèche et tombe tout leur feuillage, sauf pour quatorze qui ne se dépouillent pas, mais attendent avec leur vieux feuillage jusqu'à ce que vienne le nouveau après deux et trois hivers.

CHAPITRE IV.

La chaleur.

Et considérez encore les jours d'été, comment dans sa première partie (de l'été) le soleil est au-dessus (de la terre) ; et vous alors vous cherchez l'ombrage et l'ombre à cause de l'ardeur du soleil ; mais la terre, elle aussi, est brûlante par suite de l'intensité de la chaleur, en sorte que vous ne pouvez marcher ni sur la terre, ni sur le roc, à cause de la chaleur.

CHAPITRE V.

Désordre et châtiment des pécheurs.

1. Considérez comment les arbres se couvrent de la verdure des feuilles et portent du fruit, comprenez bien tout et sachez comment celui qui vit éternellement a fait toutes ces choses pour vous ; 2. et comment son œuvre est devant lui pour chaque année à venir ; et toutes ses œuvres lui obéissent et ne varient pas ; mais tout se passe comme Dieu l'a statué. 8. Et voyez comment les mers et les fleuves accomplissent de concert leur œuvre.

4. Mais vous, vous n'avez pas persévéré ; vous n'avez pas exécuté le précepte du Seigneur, mais vous l'avez transgressé, et vous avez outragé sa grandeur par les paroles hautaines et blessantes de votre bouche impure ; secs de cœur, il n'y aura point de paix pour vous. 5. C'est pourquoi vous, vous maudirez vos jours, et les années de votre vie seront perdues ; mais < les années de votre perdition > se

multiplieront dans une éternelle malédiction ; et il n'y aura point de miséricorde pour vous. 6. Dans ces jours vous livrerez votre propre nom à l'éternelle exécration de tous les justes ; et ils vous maudiront éternellement, vous pécheurs, vous tout ensemble avec les (autres) pécheurs.

7. Et pour les élus, il y aura lumière, et joie, et paix, et ils hériteront la terre ; mais pour vous, impies, il y aura malédiction. Et alors la sagesse sera donnée aux élus ; et ils vivront tous, et ils ne pécheront plus ni par oubli, ni par orgueil ; mais les sages s'humilieront. 9. Ils ne pécheront plus, ni ne seront châtiés tous les jours de leur vie, et ils ne mourront pas par un châtiment ou par la colère (divine) ; mais ils achèveront le nombre des jours de leur vie, et leur vie s'avancera dans la paix, et les années de leur joie se multiplieront dans une allégresse et une paix éternelles, tous les jours de leur vie.

Ire PARTIE

CHUTE DES ANGES ET ASSOMPTION D'HÉNOCH

(Chap. VI-XXXVI)

CHAPITRE VI.

L'union des anges avec les filles des hommes.

1 Or, lorsque les enfants des hommes se furent multipliés, il leur naquit en ces jours des filles belles et jolies ; 2. et les anges, fils des cieux, les virent, et ils les désirèrent, et ils se dirent entre eux : « Allons, choisissons-nous des femmes parmi les enfants des hommes et engendrons-nous des enfants. » 3. Alors Semyaza, leur chef, leur dit : « Je crains que vous ne vouliez peut-être pas (réellement) accomplir cette œuvre, et je serai, moi seul, responsable d'un grand péché. » 4. Mais tous lui répondirent : « Faisons tous un serment, et promettons-nous tous les uns aux autres avec anathème de ne pas changer de dessein, mais d'exécuter réellement [ce dessein]. » 5. Alors ils jurèrent tous ensemble et s'engagèrent là-dessus les uns envers les autres avec anathème. 6. Or ils étaient en tout deux cents, et ils descendirent sur Ardis, le sommet du mont Hermon ; et ils l'appelèrent « mont Hermon » parce que c'est sur lui qu'ils avaient juré et s'étaient engagés les uns envers les autres avec anathème. 7. Et voici les noms de leurs chefs : Semyaza, leur prince ; Arakib, Aramiel, Kôkabiel, Tamiel, Ramiel, Daniel, Ezéqiel, Baraqiel, Asaël, Annaros, Batariel, Ananiel, Zaqilê, Samsapeel, Satariel, Touriel, Yomeyal, Arazeyal. 8. Ce sont leurs chefs de dizaine.

CHAPITRE VII.

Naissance et méfaits des géants.

1. < Ceux-ci, > et tous les autres avec eux, prirent des femmes ; chacun en choisit une, et ils commencèrent à aller vers elles et à avoir commerce avec elles et ils leur enseignèrent les charmes et les incantations, et ils leur apprirent l'art de couper les racines et (la science) des arbres. 2. Or celles-ci conçurent et mirent au monde de grands géants dont la hauteur était de trois mille coudées. 3. Ils dévorèrent tout le fruit du travail des hommes, jusqu'à ce que ceux-ci ne pussent plus les nourrir. 4. Alors les géants se tournèrent contre les hommes pour les dévorer. 5. Et ils commencèrent à pécher contre les oiseaux et contre les bêtes, les reptiles et les poissons ; puis ils se dévorèrent la chair entre eux, et ils en burent le sang. 6. Alors la terre accusa les violents.

CHAPITRE VIII.

Ce que les mauvais anges ont appris aux hommes.

1. Et Azazel apprit aux hommes à fabriquer les épées et les glaives, le bouclier et la cuirasse de la poitrine, et il leur montra les métaux, et l'art de les travailler, et les bracelets, et les parures, et l'art de peindre le tour des yeux à

l'antimoine et d'embellir les paupières, et les pierres les plus belles et les plus précieuses et toutes les teintures de couleur, et *la révolution du monde*. 2. L'impiété fut grande et générale ; ils forniquèrent, et ils errèrent, et toutes leurs voies furent corrompues. 8. Amiziras instruisit les enchanteurs et les coupeurs de racines ; Armaros (apprit) à rompre les charmes, Baraqiel (instruisit) les astrologues, Kôkabiel (enseigna) les signes, Tamiel (la signification) de l'aspect des étoiles, et Asdariel enseigna le cours de la lune. 4. Et dans (leur) anéantissement les hommes crièrent, et leur clameur monta au ciel.

CHAPITRE IX.

Intervention des bons anges.

1. Alors Michaël, Uriel, Raphaël et Gabriel regardèrent du haut du ciel, et ils virent le sang répandu en abondance sur la terre et toute l'injustice commise sur la terre. 2. Et ils se dirent l'un à l'autre : C'est la voix de leur cri que la terre désolée crie jusqu'aux portes du ciel. 3. Maintenant, c'est à vous, saints du ciel, que se plaignent les âmes des hommes ; elles disent : Portez notre cause devant le Très-Haut.

4. Et ils (les saints du ciel) dirent au Seigneur des rois : Tu es le Seigneur des seigneurs, le Dieu des dieux et le Roi des rois, et le trône de ta gloire demeure à travers toutes les générations du monde, et ton nom est saint < et béni > , et

glorieux pour toute l'éternité [et il est béni et glorieux]. 5. C'est toi qui as tout fait , et en toi réside le pouvoir sur toutes choses ; tout est découvert et à nu devant toi ; toi, tu vois tout, et il n'est rien qui puisse se dérober à toi. 6. Tu as vu ce qu'a fait Azazel, comment il a enseigné toute injustice sur la terre, et dévoilé les secrets éternels qui s'accomplissent dans les cieux ; 7. < et > de quelle manière Semyaza, auquel tu avais donné le pouvoir de dominer sur ses compagnons, a instruit les hommes. 8. Et ils s'en sont allés vers les filles des hommes, sur la terre, et ils ont couché avec elles et ils se sont souillés avec ces femmes, et ils leur ont découvert tout péché. 9, Or ces femmes ont mis au monde des géants par qui la terre entière a été remplie de sang et d'injustice. 10, Et maintenant voici que les âmes de ceux qui sont morts crient et se plaignent jusqu'aux portes du ciel ; et leur gémissement est monté, et il ne peut sortir devant l'injustice qui se commet sur la terre. 11. Mais toi, tu connais toutes choses avant qu'elles soient, et toi, tu sais cela, et tu les tolères (les géants), et tu ne nous dis pas ce que nous devons leur faire pour cela.

CHAPITRE X.

Dieu ordonne le déluge et le châtiment des mauvais anges par le feu éternel ; il prédit le bonheur des Justes.

[1. Alors le Très-Haut» < dit >, le Grand et le Saint parla, et il envoya Asaryalyor au fils de Lamech : 2. < Va vers Noé > et dis-lui en mon nom : cache-toi ; et révèle-lui la consommation qui vient ; car la terre entière va périr, une eau de déluge va venir sur toute la terre, et ce qui se trouve sur elle périra. 3. Et maintenant instruis-le afin qu'il échappe et que sa postérité demeure pour toutes les générations.]

4 Le Seigneur dit encore à Raphaël : Enchaîne Azazel, pieds et mains, et jette-le dans les ténèbres ; et ouvre le désert qui est en Dudaêl, et jette-le là. 5. Jette sur lui des pierres raboteuses et tranchantes, couvre-le de ténèbres, et qu'il y reste éternellement ; couvre aussi sa face pour qu'il ne voie pas la lumière. 6 Et au grand jour du jugement, qu'il soit jeté dans le brasier. 7. Puis guéris la terre que les anges ont corrompue ; et annonce la guérison de la terre, afin qu'ils guérissent (leur) plaie et que tous les enfants des hommes ne soient pas perdus par tout le mystère que les veilleurs ont appris et enseigné à leurs enfants. 8. Toute la terre a été corrompue par la science de l'œuvre d'Azazel ; impute-lui donc tout péché.

9. Et le Seigneur dit à Gabriel : Va vers les bâtards et les réprouvés et vers les fils de courtisanes, et fais disparaître [les fils de courtisanes et] les enfants des veilleurs d'entre les hommes ; chasse-les et renvoie-les ; ils se détruiront les uns les autres par le meurtre, car il n'y aura pas pour eux de longs jours. 10. Et tout ce qu'ils te demanderont ne sera pas (accordé) à leurs pères en leur faveur, car ils espèrent (les

enfants) vivre une vie éternelle, et que chacun d'eux (des enfants) vivra cinq cents ans.

11. Et à Michaël le Seigneur dit : Va, enchaîne Semyaza et ses compagnons qui se sont unis aux femmes pour se souiller avec elles dans toute leur impureté. 12. Et lorsque tous leurs enfants se seront égorgés, et lorsque eux-mêmes auront vu la destruction de leurs bien-aimés, enchaîne-les pour soixante-dix générations sous les collines de la terre jusqu'au jour de leur jugement et de leur consommation, jusqu'à ce que soit consommé le jugement éternel. 13. En ces jours on les emmènera dans l'abîme de feu, dans les tourments, et ils seront pour toujours enfermés dans la prison. 14. Et si quelqu'un est condamné et périt, il sera désormais enchaîné avec eux jusqu'à la consommation des générations des générations. 15. Détruis donc toutes les âmes voluptueuses et les enfants des veilleurs, car ils ont opprimé les hommes.

16. Fais disparaître toute oppression de la face de la terre, que toute œuvre mauvaise cesse, que la plante de justice et de vérité apparaisse, et elle sera en bénédiction ; des œuvres de justice et de vérité seront plantées dans la joie pour toujours. 17. Alors tous les justes échapperont et demeureront vivants jusqu'à ce qu'ils aient engendré mille enfants, et tous les jours de leur jeunesse et de leur vieillesse s'achèveront dans la paix. 18. Et dans ces jours la terre entière sera cultivée dans la justice ; et elle sera entièrement plantée d'arbres, et remplie de bénédiction. 19. On plantera sur elle tous les arbres d'agrément ; on y

plantera des vignes, et la vigne qui y sera plantée donnera du vin à satiété ; et toute graine semée sur elle produira mille mesures pour une, et une mesure d'olives produira dix pressoirs d'huile. 20. Et toi, purifie la terre de toute oppression, de toute violence, de tout péché, de tout impie (sic) et de toute impureté qui s'accomplit sur la terre ; fais-les disparaitre de la terre. 21. Que tous les enfants des hommes deviennent justes, et que tous les peuples me vénèrent et me bénissent, et tous m'adoreront. 22. Et la terre sera pure de toute corruption, de tout péché, de tout châtiment et de toute douleur ; et je n'enverrai plus (ces fléaux) sur la terre jusqu'aux générations des générations et jusqu'à l'éternité.

CHAPITRE XI.

Bénédictions divines.

1. Et dans ces jours j'ouvrirai les trésors de bénédiction qui sont dans le ciel, pour les faire descendre sur la terre, sur les œuvres et le travail des enfants des hommes.

2. Et la paix et la vérité seront unies tous les jours du monde et dans toutes les générations du monde.

CHAPITRE XII.

Assomption et mission d'Hénoch auprès des mauvais anges.

1. Avant ces événements, Hénoch avait été caché ; et il n'est aucun des enfants des hommes qui sache où il fut caché, et où il est, et ce qu'il est devenu. 2. Or toutes ses actions (se faisaient) dans ses jours avec les veilleurs et avec les saints. 3. Or moi Hénoch, j'étais occupé à bénir le grand Seigneur, le roi du monde, et voici que les veilleurs m'appelèrent, moi Hénoch le scribe, et me dirent : 4. Hénoch, scribe de justice, va fais savoir aux veilleurs du ciel, qui ont abandonné le ciel très haut, le lieu saint, éternel, et se sont souillés avec des femmes et ont fait comme font les enfants des hommes, et ont pris des femmes, et se sont corrompus d'une grande corruption sur la terre : 5. Il n'y aura pour eux ni paix ni rémission du péché. 6. Et parce qu'ils se réjouissent au sujet de leurs enfants, ils verront le meurtre de leurs bien-aimés, et sur la perte de leurs enfants ils pleureront et ils supplieront éternellement, mais il n'y aura pour eux ni miséricorde ni paix.

CHAPITRE XIII.

Les anges déchus demandent à Hénoch d'intercéder pour eux.

1. Alors Hénoch s'éloignant dit à Azazel : Il n'y aura point de paix pour toi ; contre toi a été prononcé un grand jugement pour t'enchaîner. 2. Il n'y aura pour toi ni répit ni intercession, parce que tu as enseigné l'injustice et à cause de toutes les œuvres de blasphème, de violence et de péché que tu as apprises aux hommes. 3. Puis m'avançant je leur parlai à tous ensemble, et tous tremblèrent, et la crainte et l'effroi les saisirent. 4. Et ils me demandèrent d'écrire pour eux une formule de prière afin que rémission leur fût accordée, et de faire monter la formule de leur prière devant le Seigneur du ciel. 5. Car désormais ils ne peuvent plus parler (à Dieu), ni lever les yeux vers le ciel, de honte du crime pour lequel ils ont été condamnés. 6. Alors j'écrivis la formule de leur prière et une supplication pour leur âme, et pour chacune de leurs œuvres, et pour ce qu'ils demandaient (à savoir) qu'il leur fût accordé pardon et répit. 7. Puis, m'étant éloigné, je m'assis près des eaux de Dan, dans (le territoire de) Dan, qui est au sud de l'ouest de l'Hermon ; et je lus la formule de leur prière jusqu'au moment où je m'assoupis.

8. Or voici que me vint un songe, et que des visions tombèrent sur moi ; et je vis des visions de châtiment, et une voix vint qui m'ordonnait de parler aux enfants du ciel et les reprendre. 9. Et lorsque je me fus éveillé, je me rendis vers eux ; tous ensemble étaient assis en pleurs dans Ublesyaël, qui se trouve entre le Liban et Seneser, leur face voilée. 10. Et je racontai, en leur présence, toutes les visions

que j'avais vues pendant mon sommeil, et je me mis à dire ces paroles de justice et à reprendre les veilleurs du ciel.

CHAPITRE XIV.

Vision d'Hénoch : le châtiment des mauvais anges ; la demeure et le trône de Dieu.

1. Ce livre est la parole de justice et de la correction des veilleurs qui existent depuis l'éternité, selon que l'a ordonné le Saint et le Grand dans cette vision. 2. J'ai vu moi-même, dans mon sommeil, ce que maintenant je dis, moi, avec une langue de chair et avec mon souffle, que le Grand a donnée à la bouche des hommes pour que par lui ils parlent entre eux et (se) comprennent en leur cœur. 3. De même que Dieu a créé l'homme et lui a donné de comprendre la parole de science, ainsi il m'a créé, moi aussi, et m'a donné de reprendre les veilleurs, enfants du ciel.

4. J'ai écrit votre prière ; mais dans ma vision il me fut montré que votre prière ne serait pas exaucée durant tous les jours du monde, et que le jugement est accompli sur vous, et qu'elle (votre prière) ne sera pas exaucée. 5. Désormais vous ne monterez plus au ciel de toute éternité : il a été ordonné de vous enchaîner sur la terre pour tous les jours du monde. 6. Mais auparavant vous aurez vu le meurtre de vos enfants bien-aimés ; et vous ne les

posséderez point, mais ils tomberont devant vous par l'épée. 7. Et votre prière ne sera (exaucée) ni pour eux ni pour vous, et vous-mêmes, tandis que vous pleurez et que vous suppliez, vous ne prononcez pas une parole de l'écrit que j'ai écrit.

8. Or la vision m'apparut ainsi : voici que des nuages m'appelèrent dans la vision, et une nuée m'appela ; et le cours des étoiles et les éclairs me firent hâter et me désirèrent ; et les vents, dans la vision, me firent voler, [et me firent hâter ;] ils m'emportèrent en haut < et me firent entrer > dans les cieux. 9. J'entrai jusqu'à ce que je fusse (arrivé) près d'un mur construit en pierres de grêle ; des langues de feu l'entouraient, et elles commencèrent à m'effrayer. 10. J'entrai dans les langues de feu et j'approchai d'une grande maison, bâtie en pierres de grêle ; les murs de cette maison étaient comme une mosaïque en pierres de grêle, et son sol était de grêle. 11. Son toit était comme le chemin des étoiles et (comme) des éclairs ; au milieu (se tenaient) des chérubins de feu, et son ciel était d'eau. 12. Un feu ardent entourait les murs, et sa porte (de la maison) flambait dans le feu. 13. J'entrai dans cette maison ; elle était brûlante comme du feu et froide comme de la neige ; et il n'y avait dans cette maison aucun des agréments de la vie ; la crainte m'accabla et le tremblement me saisit. 14. Ému et tremblant, je tombai sur ma face et je vis une vision. 15. Et voici : (c'était) une autre maison, plus grande que la première, dont toutes les portes étaient ouvertes devant moi ; elle était bâtie en langues de feu, 16.

et en tout si excellente, en magnificence, en splendeur et en grandeur, que je ne puis vous le dire à cause de sa magnificence et de sa grandeur. 17. Son sol était de feu ; des éclairs et le cours des étoiles (formaient) sa partie supérieure, et son toit, lui aussi, était de feu ardent. 18. Et je regardai, et je vis dans cette maison un trône élevé dont l'aspect était celui du cristal, et dont le pourtour était comme le soleil brillant, et la voix des chérubins (se faisait entendre). 19. De sous le trône sortaient des fleuves de feu ardent, et je ne pouvais pas (les) regarder. 20. La grande gloire siégeait sur ce trône, et son vêtement était plus brillant que le soleil et plus blanc que toute neige. 21. Pas un ange ne pouvait entrer <dans cette maison> et voir la face du Glorieux et du Magnifique, et aucun être de chair ne pouvait le regarder. 22. Un feu ardent l'entourait, et un grande feu se dressait devant lui ; aucun de ceux qui l'entouraient ne s'approchait de lui ; des myriades de myriades (d'anges) se tenaient devant lui, mais lui ne demandait pas conseil. 23. Et les saintetés des saints qui étaient près de lui ne s'éloignaient pas pendant la nuit et ne se séparaient pas de lui. 24. Et moi, jusqu'à ce moment, j'étais sur ma face voilée, tremblant, et le Seigneur, de sa propre bouche, m'appela et me dit : Viens ici , Hénoch , et <écoute> ma parole [sainte]. 25. <Et s'étant approché de moi, l'un des saints m'éveilla,> me fit lever et approcher de la porte ; et moi je regardais, la tête baissée.

CHAPITRE XV.

Dieu charge Hénoch de représenter aux mauvais anges l'énormité de leur faute.

1. m'adressa la parole et me dit, et j'entendis sa voix : « Ne crains point, Hénoch, homme juste, scribe de justice ; approche ici, et écoute ma voix. 2. Et va, dis aux veilleurs du ciel qui t'ont envoyé supplier pour eux : C'est à vous qu'il convient d'intercéder pour les hommes et non pas aux hommes pour vous. 3. Pourquoi avez-vous abandonné le ciel très haut et saint, qui est éternel, vous êtes-vous couchés avec les femmes, vous êtes-vous souillés avec les filles des hommes, avez-vous pris des femmes et avez-vous agi comme les enfants de la terre, et avez-vous engendré, pour fils, des géants ?

4. Vous donc, saints, spirituels, vivant d'une éternelle vie, vous vous êtes souillés dans le sang des femmes, et vous avez engendré avec le sang de la chair ; selon le sang des hommes vous avez désiré, et vous avez fait chair et sang comme font ceux qui meurent et qui périssent. 5. C'est pourquoi je leur ai donné des femmes pour qu'ils les fécondent, et qu'ils en aient des enfants, qu'ainsi toute œuvre ne cesse pas sur la terre. 6. Quant à vous, vous fûtes d'abord spirituels, vivant d'une vie éternelle, immortelle, pour toutes les générations du monde. 7. C'est pourquoi je ne vous ai pas attribué de femmes, car le séjour des spirituels du ciel est dans le ciel.

8. Et maintenant les géants qui sont nés des esprits et de la chair seront appelés, sur la terre, esprits mauvais, et sur la terre sera leur séjour. 9. Des esprits mauvais sont sortis de leur chair (des géants), parce qu'ils ont été faits par les hommes, <et> des saints veilleurs (vient) leur origine et leur premier fondement. Ils seront des esprits mauvais sur la terre, et ils seront appelés esprits mauvais. [10. Les esprits du ciel ont leur demeure dans le ciel ; et les esprits de la terre, qui ont été engendrés sur la terre, ont leur demeure sur la terre. 11. Et] les esprits des géants, des Nephilim, qui oppriment, détruisent, font irruption, combattent, brisent sur la terre et y font le deuil, ne mangent aucune nourriture et n'ont point soif, et sont inconnaissables, 12. ces esprits s'élèveront contre les enfants des hommes et contre les femmes, car ils sont sortis <d'eux>.

CHAPITRE XVI.

Les veilleurs seront punis pour avoir communiqué aux hommes un secret funeste.

1. Depuis les jours du meurtre, de la destruction et de la mort des géants, — (jours) où les esprits sont sortis des âmes de leur chair, — que soient sans jugement, ceux qui perdront ; ils perdront ainsi jusqu'au jour de l'accomplissement du grand jugement, où le grand temps prendra fin, [à cause des veilleurs et des impies]. 2. Et

maintenant aux veilleurs qui t'ont envoyé supplier pour eux, qui autrefois habitaient dans le ciel, 3. (dis-leur :) « Vous étiez tout à l'heure dans le ciel ; mais < tous > les secrets ne vous avaient pas encore été révélés ; vous n'avez connu qu'un mystère futile ; dans l'endurcissement de votre cœur vous l'avez communiqué aux femmes, et, par ce mystère, les femmes et les hommes ont multiplié le mal sur la terre. » 4. Dis-leur donc : « Il n'y a pas pour vous de paix. »

CHAPITRE XVII.

Hénoch est emporté au séjour de la tempête, de la lumière, du tonnerre, etc.

1. Puis on m'emporta en un lieu dont les habitants sont comme un feu ardent, et ils apparaissent, quand ils veulent, comme des hommes. 2. Et on me conduisit au séjour de la tempête, et sur une montagne dont le plus haut sommet touchait au ciel. 3. Je vis les demeures des luminaires et du tonnerre, aux extrémités, dans l'abîme où sont l'arc de feu, les flèches et leur carquois le glaive de feu et tous les éclairs. 4. Puis on m*emmena jusqu'aux eaux de vie [qui sont (ainsi) nommées], et jusqu'au feu du couchant ; c*est lui qui saisit tous les couchers du soleil. 5. Et j'arrivai jusqu'à un fleuve de feu dont le feu coule comme de l'eau et se déverse dans la grande mer qui est du côté du couchant. 6. Et je vis les grands fleuves, et j'atteignis une

grande obscurité, et je parvins là où aucun être de chair <ne> marche ; 7. je vis les montagnes des ténèbres de l'hiver, et l'endroit où se déversent les eaux de tout l'abîme. 8. Et je vis l'embouchure de tous les fleuves de la terre, et l'embouchure de l'abîme.

CHAPITRE XVIII.

Vision des vents, de sept montagnes de pierres précieuses, d'un abîme de feu et de sept étoiles enchaînées aux extrémités du ciel et de la terre.

1. Je vis les réservoirs de tous les vents, et je vis que par eux (Dieu) a orné toute la création ; et je vis les fondements de la terre. 2. Je vis encore la pierre angulaire de la terre, et je vis les quatre vents qui soutiennent la terre et le firmament du ciel. 3. Je vis comment les vents étendent (comme un voile) le haut du ciel, et (comment) ils se tiennent entre le ciel et la terre ; ils sont les colonnes du ciel. 4. Je vis les vents qui font tourner le ciel, qui font coucher le disque du soleil et toutes les étoiles. 5. Je vis les vents qui, sur la terre, portent parmi les nues ; je vis les voies des anges ; je vis, aux confins de la terre, le firmament des cieux en haut. 6. Puis je passai au sud, <et je vis un lieu> qui brûlait jour et nuit, où se trouvaient sept montagnes de pierres précieuses, trois du côté de l'orient, et trois du côté du midi. 7. Or, (parmi) celles qui étaient à

l'orient, une était de pierre multicolore, une de perles, et l'autre de pierre de guérison ; et celles qui étaient au sud étaient de pierre rouge. 8. Celle du milieu s^élevait jusqu'au ciel comme le trône de Dieu ; elle était en albâtre et le haut du trône en saphir. 9. Et je vis un feu ardent, et, derrière ces montages, 10. [je vis là] un lieu, au delà de la grande terre, où se rejoignent les cieux.

11. Puis je vis un gouffre profond, près des colonnes de feu du ciel, et je vis entre elles des colonnes de feu qui descendaient et dont la hauteur et la profondeur étaient incommensurables. 12. Au delà de ce gouffre, je vis un lieu sur lequel ne s'étendait pas le firmament des cieux, sous lequel il n'y avait point le fondement de la terre ; sur lui il n'y avait ni eau ni oiseaux, mais ce lieu était désert et terrible. 13. Là je vis sept étoiles, semblables à de grandes montagnes, qui brûlaient, et comme j'interrogeais à leur sujet, 14. l'ange me dit : « Ce lieu est la fin du ciel et de la terre ; c*est la prison des étoiles et des puissances du ciel. 15. Les étoiles qui roulent sur le feu sont celles qui ont transgressé le commandement du Seigneur dès leur lever, — car elles ne sont pas venues en leur temps. 16. Et il s'est irrité contre elles, et il les a enchaînées jusqu'au temps de la consommation de leur péché, dans l'année du mystère. »

CHAPITRE XIX.

Le sort des mauvais anges et de leurs femmes.

1. Puis Uriel me dit : « C'est ici que les anges, qui se sont unis aux femmes, se tiendront. Leurs esprits, prenant de nombreuses apparences, ont souillé les hommes, et ils les feront errer pour qu'ils sacrifient aux démons comme à des dieux, jusqu'au jour du grand jugement, — jour où ils seront jugés pour être perdus. 2. Quant à leurs femmes, qui ont séduit les anges, elles deviendront des Sirènes. » 3. Et moi, Hénoch, moi seul, j'ai vu la vision, la fin de tout ; et aucun homme ne verra comme moi j'ai vu.

CHAPITRE XX.

Les noms et les rôles des saints anges.

1. Voici les noms, des saints anges qui veillent : 2. Uriel, Tun des saints anges, celui du monde et du tartare ; 3. Raphaël, l'un des saints anges, celui des âmes des hommes ; 4. Raguel, l'un des saints anges, qui tire vengeance du monde des luminaires ; 5. Michaël, l'un des saints anges, préposé aux meilleurs des hommes, (à la garde) du peuple ; 6. Saraqiel, l'un des saints anges, préposé aux esprits des enfants des hommes qui pèchent contre les esprits ; 7. Gabriel, l'un des saints anges, préposé au paradis, aux dragons et aux chérubins ; 8. <Remeiel, l'un des saints anges, que Dieu a préposé sur les ressuscités. Des archanges (ce sont les) sept noms.>

CHAPITRE XXI.

La faute des sept étoiles. — L'abîme de feu, prison des mauvais anges.

1. Ensuite je tournai jusqu'où rien ne se fait. 2. Là, je vis une chose terrible ; je ne vis ni ciel en haut ni terre fondée (en bas), mais un lieu informe et effrayant. 3. J'y vis sept étoiles du ciel, enchaînées ensemble en ce lieu, semblables à de grandes montagnes, et brûlant dans le feu. 4. Alors je demandai : « Pour quel péché ont-elles été enchaînées, et pourquoi ont-elles été jetées ici ? » 5. Uriel, un des saints anges qui était avec moi et me guidait, me dit : « Hénoch, sur qui demandes-tu et sur qui interroges-tu et t'inquiètes-tu ? 6. Ces étoiles sont de celles qui ont transgressé l'ordre du Seigneur, et elles ont été enchaînées ici jusqu'à ce que dix mille siècles soient accomplis, nombre des jours de leurs péchés. »

7. De là je passai dans un autre lieu plus effrayant que celui-là et j'y vis une chose horrible : il y avait là un grand feu ardent, lançant des flammes ; et ce lieu avait une fissure allant jusqu'à l'abîme, rempli (lui-même) de grandes colonnes de feu qu'on (y) faisait descendre ; et je ne pus voir ni ses dimensions ni sa grandeur, et je ne pus le fixer. 8. Je dis alors : « Comme ce lieu est horrible et pénible à voir ! » 9. Alors Uriel, un des saints anges, qui était avec

moi, m'adressa la parole et me dit : « Hénoch, pourquoi ressens-tu pareille crainte et frayeur ? » — <Et je répondis :> « C'est à cause de ce lieu horrible, et à l'aspect de cette souffrance. » 10. Il me dit : « Ce lieu est la prison des anges ; c'est là qu'ils seront détenus jusqu'à l'éternité. »

CHAPITRE XXII.

Le séjour des âmes des morts avant le jugement.

1. De là je me rendis dans un autre lieu, et il me montra à l'occident une grande et haute montagne et de durs rochers. 2. Il y avait là quatre cavités très profondes, très larges et très lisses ; <trois d'entre elles étaient sombres et une lumineuse ; au milieu se trouvait une source d'eau ; et je dis> : « Comme ces cavités sont lisses et profondes et d'un aspect sombre ! » 8. À ce moment, Raphaël, un des saints anges, qui était avec moi, répondit et me dit : « Ces cavités sont (faites) pour qu'y soient réunis les esprits des âmes des morts ; c'est pour cela qu'elles ont été créées, pour qu'y soient réunies toutes les âmes des enfants des hommes. 4. Et ces lieux ont été faits pour les y faire demeurer jusqu'au jour de leur jugement et jusqu'au temps qui leur a été fixé ; et ce long temps (durera) jusqu'au grand jugement (qui sera rendu) sur eux. »

5. Je vis les esprits des enfants des hommes qui étaient morts, leur voix arrivait jusqu'au ciel et se plaignait. 6.

Alors j'interrogeai Raphaël, l'ange qui était avec moi, et je lui dis : « De qui est-il, cet esprit dont la voix arrive ainsi jusqu'au ciel et se plaint ? » 7. Il me répondit et me parla en ces termes : « Cet esprit est celui qui est sorti d'Abel que son frère Caïn a tué, et il l'accuse jusqu'à ce que sa race soit anéantie sur la face de la terre et que sa race disparaisse de la race des hommes. »

8. À ce moment j'interrogeai [à son sujet et] au sujet de toutes les (autres) cavités : « Pourquoi sont-elles séparées l'une de l'autre ? »

> 1. ↑ M : « Hénoch le sauveur saint du monde ; d'Hénoch le prophète, » etc. — Q : « Vision que vit (Hénoch), parole » etc.
>   Début assez semblable à celui de la bénédiction de Moïse, Deut., XXXIII, 1 : « Voici la bénédiction dont Moïse, homme de Dieu, bénit les enfants d'Israël. » — Le *jour de l'affliction* désigne ici la période de calamités qui doit précéder l'avènement du Messie et l'établissement du royaume messianique. Cf. Sagesse, III, 9 ; I, 5 ; Matth., XX, 16 ; XXII, 14 ; XXIV, 31 ; Apoc, XVII, 14 ; Luc, XXI, 23 ; Marc, XIII, 19. — Tandis que les justes seront sauvés, d'après le grec. Ce passage manque dans le texte éthiopien.
> 2. ↑ « Pour repousser tous les ennemis. »
> 3. ↑ Au milieu du verset, changement de personnes, assez fréquent dans les langues sémitiques et particulièrement dans ce livre.

9. Il me répondit en disant : « Ces trois ont été faites pour séparer les (autres) esprits des morts. Celle-ci est séparée pour les esprits des justes, celle où est la source d'eau lumineuse. 10. Celle-ci a été créée (pour être celle) des pécheurs lorsqu'ils meurent et qu'ils sont ensevelis dans la terre, et qu'un jugement n'a pas eu lieu sur eux dans leur

vie. 11. Là sont mises à part leurs âmes pour ce grand châtiment, jusqu'au grand jour du jugement, des châtiments et des tourments des maudits pour l'éternité, pour qu'(ait lieu) la rétribution des esprits. Là il les enchaînera pour toujours. 12. Celle-ci a été séparée pour les âmes de ceux qui sollicitent, qui font connaître (leur) perte, lorsqu'ils ont été tués dans les jours des pécheurs. 13. Et celle-ci a été créée pour les âmes des hommes, de tous ceux qui ne seront pas purs, mais pécheurs, impies, et (qui) auront part avec les sans-loi. Mais leurs esprits [parce que ceux qui ont été opprimés ici-(bas) sont moins châtiés] ne seront pas punis au jour du jugement et ne seront pas ressuscités d'ici. »

9. Et il me répondit et me dit : « Ces trois cavités ont été faites pour séparer les esprits des morts. Ainsi sont séparées les âmes des justes, là où se trouve auprès la source d'eau de vie, lumière. 10. De la même façon (une séparation) a été faite pour les pécheurs lorsqu'ils meurent et qu'ils sont ensevelis dans la terre, et qu'un jugement n'a pas été prononcé contre eux pendant leur vie. 11. C'est là que leurs âmes sont mises à part pour ce grand tourment, jusqu'au grand jour du jugement, du châtiment et de la torture de ceux qui maudissent jusqu'à l'éternité, et (jusqu'au jour de) la vengeance qui s'exercera sur leurs âmes. C'est là qu'il les enchaînera pour l'éternité [ou sinon : avant l'éternité]. 12. Et de même il a été fait une séparation pour les âmes de ceux qui se plaignent, qui font connaître leur meurtre

lorsqu'ils ont été mis à mort dans les jours des pécheurs. 13. Et pareillement elle a été faite pour les âmes des hommes qui n^ont pas été justes, mais pécheurs consommés en crime, et ils seront aussi avec les criminels. Quant à leur âme, elle ne sera pas mise à mort au jour du jugement, mais ils ne ressusciteront pas de là. »

14. À ce moment je bénis le Seigneur de gloire et je dis : « Béni soit mon Seigneur, le Seigneur de justice, qui règne pour l'éternité. »

CHAPITRE XXIII.

Le feu qui poursuit les lumières du ciel.

1. De là j'allai dans un autre lieu, vers l'occident, jusqu'aux extrémités de la terre. 2. Et je vis un feu ardent qui courait sans se reposer et sans interrompre sa course ni jour ni nuit , tout en demeurant le même. 3. Et j'interrogeai en disant : « Qu'est cet (objet), qui est sans repos ? » 4. Alors Raguel, un des saints anges, qui était avec moi, me répondit et me dit : « Ce (feu) dont tu as vu la course vers l'occident est le feu qui poursuit tous les luminaires du ciel. »

CHAPITRE XXIV.

Hénoch voit sept montagnes splendides et un arbre merveilleux.

1. De là je passai dans un autre lieu de la terre, et il me montra une montagne de feu qui jetait des flammes jour et nuit. 2. Je marchai dans sa direction et je vis sept montagnes magnifiques, toutes différentes l'une de l'autre, et des pierres précieuses et belles, et toutes étaient splendides, d'une apparence magnifique et d'un aspect admirable : trois du côté de l'orient appuyées l'une contre l'autre, et trois vers le midi l'une au-dessus de l'autre ; et (je vis) des vallées profondes et sinueuses ; aucune n'approchait de l'autre. 3. La septième montagne était au milieu d'elles ; elle les dépassait toutes comme un trône, et des arbres odoriférants l'entouraient. 4. Parmi eux se trouvait un arbre dont je n'avais encore jamais senti le parfum, et il n'y en avait pas de semblable parmi ces arbres ou d'autres ; il exhale une odeur au-dessus de tout parfum, et ses feuilles, ses fleurs et son bois ne se dessèchent jamais ; son fruit est beau, et il ressemble aux grappes du palmier. 5, Alors je dis : « Le bel arbre ! Il est beau à voir, son feuillage est gracieux, et son fruit est d'un aspect très agréable. » 6. Alors Michaël, l'un des anges saints et glorieux, qui était avec moi, et qui était préposé à ces (arbres), me répondit.

CHAPITRE XXV.

Michaël explique à Hénoch la vision des sept montagnes et de l'arbre merveilleux.

1. Et il me dit : « Hénoch, pourquoi m'interroges-tu sur le parfum de cet arbre, et cherches-tu à connaître <la vérité> ? » 2. Alors je lui répondis, moi Hénoch, en ces termes : « Je désire être instruit de tout, mais spécialement de ce qui concerne cet arbre. »

3. Et il répondit en disant : « Cette haute montagne que tu as vue, dont le sommet ressemble au trône du Seigneur, c'est (précisément) son trône, sur lequel siégera le Saint et le grand Seigneur de gloire, le Roi éternel , lorsqu'il descendra visiter la terre, pour le bien. 4. Cet arbre odoriférant, aucun être de chair n'a le pouvoir d y toucher jusqu'au grand jugement , lorsque (Dieu) tirera vengeance de tout et consommera (tout) pour l'éternité ; mais (alors) cet arbre sera donné aux justes et aux humbles. 5. Par son fruits la vie sera communiquée aux élus ; et il sera planté du côté du nord, dans un lieu saint, près de la demeure du Seigneur, Roi éternel. 6. Alors (les justes et les humbles) se réjouiront dans l'allégresse, et ils exulteront ; ils entreront dans le sanctuaire ; la bonne odeur de cet arbre (pénétrera) leurs os, et ils vivront d'une longue vie sur la terre comme ont vécu tes pères, et dans leurs jours la tristesse, la souffrance, les tourments et les châtiments ne les atteindront

pas. » 7. Alors je bénis le Dieu de gloire, le Roi éternel, parce qu'il avait préparé de pareilles (récompenses) aux hommes justes et créé de telles choses, et qu'il avait dit de les leur donner.

CHAPITRE XXVI.

Hénoch voit d'autres montagnes séparées par des vallées profondes.

1. « De là je me rendis au milieu de la terre, et je vis un lieu béni et fertile <où étaient des arbres> aux rameaux permanents et poussant (même) de l'arbre une fois coupé. 2. Là je vis une montagne sainte, et, au pied de la montagne, de l'eau venant de l'orient et coulant vers le midi. 3. Puis je vis du côté de l'orient une autre montagne plus haute que la première, et entre elles une gorge profonde mais sans largeur, dans laquelle l'eau coule le long de la montagne. 4. A l'ouest de cette (haute montagne), est une autre montagne, plus basse et sans élévation, et au-dessous une gorge, entre les deux ; et une autre gorge profonde et desséchée se trouve à l'extrémité des trois (montagnes). 5. Et toutes les gorges sont profondes et sans largeur, de roche dure ; et pas un arbre <n'> y est planté. 6. J'admirai le rocher, j'admirai la gorge, et je m'étonnai fort.

CHAPITRE XXVII.

Uriel explique à Hénoch que la vallée maudite (la Géhenne) est destinée aux maudits.

1. Alors je dis : « Pourquoi cette terre est-elle bénie et toute remplie d'arbres, tandis que cette gorge au milieu (des montagnes) est maudite ? » 2. Alors Uriel, l'un des saints anges, qui était avec moi, me répondit et me dit : « Cette vallée maudite est (destinée) aux maudits pour l'éternité ; c'est là que seront rassemblés tous ceux qui de leur bouche prononcent contre le Seigneur des paroles inconvenantes, et disent sur sa gloire des insolences ; là on les réunira, et là sera le lieu de leur châtiment. 3. A la fin des temps, leur apparaîtra le spectacle du jugement qui se fera dans la justice en présence des justes pour l'éternité ; là, tous les jours, ceux qui auront obtenu miséricorde béniront le Seigneur de gloire, le Roi éternel. 4. Au jour du jugement de ces (méchants), (les justes) le béniront pour la part qu'il leur a faite dans (sa) miséricorde. » 5. Alors je bénis le Seigneur de gloire, je publiai sa gloire et je chantai, comme il convient à sa grandeur.

CHAPITRE XXVIII

Hénoch voit un cours d'eau.

1. De A là j'allai vers l'orient, au milieu de la chaîne de montagnes du désert, et je vis un désert et (il était)

solitaire, rempli d arbres. 2. Et de ces semences, jaillissait de l'eau d'en haut sur (ce désert) ; 3. elle paraissait comme un cours d'eau abondant qui se déversait vers le nord-ouest ; et de partout montaient l'eau et la rosée.

CHAPITRE XXIX

Les arbres du jugement.

1. De là je me rendis en un autre point du désert et je m'approchai de l'est de cette montagne. 2. Et là je vis les arbres du jugement, qui exhalent une odeur suave d'encens et de myrrhe ; et leurs fruits ressemblaient <à des noix>.

CHAPITRE XXX

Nouveaux arbres odoriférants.

1. Et j'allai non loin de là, au delà des arbres vers l'orient ; et je vis un autre lieu : une gorge (remplie) d'une eau, comme celle qui ne tarit point. 2. Et je vis un bel arbre,

semblable à un arbre odoriférant, comme la résine du lentisque. 3. Sur les bords de ces gorges je vis le cannelier odoriférant, puis je m'avançai au delà vers l'orient.

CHAPITRE XXXI

Le nectar; le fruit de l'aloès.

1. Et je vis d'autres montagnes sur lesquelles il y avait des arbres, et il s'en échappait une sorte de nectar qu'on appelle Sararâ et Galbaniun. 2. Derrière ces montagnes, je vis une autre montagne sur laquelle étaient des aloès, et ces arbres étaient remplis d'un (fruit) semblable à des amandes, et dur. 3. Et lorsqu'on broie ce fruit, il l'emporte sur tous les parfums.

CHAPITRE XXXII

Le paradis terrestre et l'arbre de la science.

1. Après (avoir senti) ces parfums, comme je regardais vers le nord, au delà des montagnes, je vis sept montagnes remplies de nard pur, d'arbres odoriférants, de cannelle et de poivre. 2. De là je franchis le sommet de ces montagnes, au loin vers l'orient, et je traversai la mer Erythrée et je m'en éloignai, et je passai au-dessus de l'ange Zotiel (*sic*). 3. Et j'arrivai dans le paradis de justice, et je vis au delà (?)

de ces arbres, des arbres nombreux et grands ; ils poussent là même, et leur odeur est suave ; ils sont élevés, d'une grande beauté, et magnifiques ; et il y a (là) l'arbre de la sagesse : ceux qui en mangent possèdent une grande sagesse. 4. Il ressemble au caroubier ; son fruit, semblable à une grappe de vigne, est très beau ; et l'odeur de cet arbre se répand et pénètre au loin. 5. Et je dis : « Comme cet arbre est beau, et comme son aspect est [beau et] agréable ! » 6. L'ange saint, Raphaël, qui était avec moi, me répondit et me dit : « C'est l'arbre de la sagesse, dont mangèrent ton vieux père et ta vieille mère, tes aïeux ; et ils connurent la science, leurs yeux s'ouvrirent, ils surent qu'ils étaient nus, et ils furent chassés du paradis. »

CHAPITRE XXXIII

Les extrémités de la terre et les portes par où se lèvent les astres.

1. De là j'allai jusqu'aux extrémités de la terre, et j'y vis de grandes bêtes, différentes les unes des autres, et aussi des oiseaux différents d'aspect, de beauté, et de ramage ; chacun différait de l'autre. 2. A l'est de ces bêtes, je vis les extrémités de la terre où repose le ciel, et les portes du ciel étaient ouvertes. 3. Et je vis comment les étoiles du ciel se lèvent, et je comptai les portes par où elles se lèvent, et j'inscrivis tous leurs levers, pour chacune en particulier,

selon leur nombre et leurs noms, selon leur conjonction et leur position, leur temps et leurs mois, comme Uriel, l'ange qui était avec moi, me le montrait. 4. Il me montra et il écrivit tout pour moi ; il écrivit encore pour moi leurs noms, leurs lois et leurs groupements.

CHAPITRE XXXIV

Les portes et les vents du nord.

1. De là j'allai vers le nord, aux extrémités de la terre, et là je vis une grande et magnifique disposition aux confins de toute la terre. 2. Là je vis trois portes du ciel ouvertes dans le ciel ; de chacune d'elles sortent les vents du nord ; lorsqu'ils soufflent, c'est du froid, de la grêle, du givre, de la neige, de la rosée et de la pluie. 3. Par une porte, ils soufflent pour le bien ; mais, lorsqu'ils soufflent par les deux autres portes, c'est avec violence et désolation sur la terre, et c'est avec force qu'ils soufflent.

CHAPITRE XXXV

Les portes et les issues de l'ouest.

De là j'allai vers l'ouest, aux extrémités de la terre, et je vis là trois portes du ciel ouvertes, comme j'avais vu à l'est : autant de portes et autant d'issues.

CHAPITRE XXXVI

Les portes du midi et de l'orient.

1. De là j'allai vers le sud aux extrémités de la terre, et là je vis trois portes du ciel ouvertes, d'où sortent le vent du sud, la rosée, la pluie [et le vent]. 2. Et de là j'allai vers l'orient aux extrémités du ciel, et là je vis trois portes du ciel ouvertes vers l'orient, et au-dessus d'elles de petites portes. 3. Par chacune de ces petites portes passent les étoiles du ciel, et elles se rendent à l'ouest par le chemin qui leur a été tracé. 4. En contemplant (ce spectacle), j'ai béni en tout temps le Seigneur de gloire ; et je continuerai à le bénir, lui qui a accompli de grands et magnifiques prodiges pour montrer la grandeur de son œuvre à ses anges, aux esprits et aux hommes, afin qu'ils louent son œuvre, sa création tout entière ; afin qu'ils contemplent l'œuvre de sa puissance, qu'ils louent l'œuvre grandiose de ses mains, et qu'ils le bénissent pendant toute l'éternité.

IIe PARTIE
LIVRE DES PARABOLES

(Chap. XXXVII-LXXI)

CHAPITRE XXXVII

Seconde vision d'Hénoch : trois paraboles lui sont révélées.

1. Seconde vision qu'il vit ; vision de sagesse que vit Hénoch, fils de Jared, fils de Malaleel, fils de Kaïnan, fils d'Enos, fils de Seth, fils d'Adam. 2. Et voici le commencement de la parole de sagesse que j'ai prononcée pour dire à ceux qui habitent sur l'aride : « Écoutez, ô anciens, et voyez, hommes de l'avenir, la parole sainte que je vais dire en présence du Seigneur des esprits. 3. C'est aux anciens qu'il vaudrait mieux la dire ; mais, même aux hommes de l'avenir, nous ne refuserons pas le commencement de la sagesse. 4. Jusqu'à présent, il n'a certes pas été donné, par le Seigneur des esprits, de sagesse (comparable à celle) que j'ai reçue, selon mon intelligence, selon le bon plaisir du Seigneur des esprits, par qui m'a été donnée la part de vie éternelle. 5. Or trois paraboles m'ont été (communiquées), et moi j'ai élevé (la voix) eh disant à ceux qui habitent sur l'aride :

CHAPITRE XXXVIII

Première parabole : sort funeste des pécheurs au jour du jugement.

1. Première parabole. Lorsque apparaîtra l'assemblée des justes, et que les pécheurs seront jugés pour leurs péchés, et qu'ils seront chassés de la face de l'aride ; 2. et lorsque la justice se manifestera à la face des justes élus, dont l'œuvre est en dépendance du Seigneur des esprits ; et lorsque apparaîtra la lumière aux justes et aux élus qui habitent sur l'aride, où sera l'habitation des pécheurs, où sera le lieu de repos de ceux qui ont renié le Seigneur des esprits ? Il eût mieux valu pour eux qu'ils ne fussent pas nés. 3. Lorsque les secrets des justes seront révélés, (alors) les pécheurs seront jugés, et les impies seront chassés de la face des justes et des élus. 4. Désormais ils ne seront ni forts, ni élevés, ceux qui possèdent la terre, et ils ne pourront pas regarder la face des saints, car c'est la lumière du Seigneur des esprits qui a apparu sur la face des saints, des justes et des élus. 5. Les rois et les puissants, en ce temps-là, périront et seront livrés aux mains des justes et des saints. 6. Et désormais personne ne demandera miséricorde pour eux au Seigneur des esprits, car leur vie aura été consommée.

CHAPITRE XXXIX

Le séjour des justes et de l'Élu de justice.

1. [En ces jours, les enfants des élus et des saints descendront du haut du ciel, et une sera leur race avec les enfants des hommes. 2. Et dans ces jours, Hénoch reçut des livres d'indignation et de colère, et des livres de tremblement et de commotion.] Et il n'y aura pas de miséricorde pour eux, dit le Seigneur des esprits. 3. En ce temps, un tourbillon de vent m'arracha de la face de la terre et me déposa à l'extrémité des cieux. 4. Et là je vis une autre vision : les habitations des saints, et les lits de repos des justes. 5. Là mes yeux virent leurs habitations au milieu des anges de sa justice, et leurs lits de repos au milieu des saints ; ils demandent, ils intercèdent et ils prient pour les enfants des hommes ; et la justice coule comme de l'eau devant eux, et la miséricorde, comme de la rosée sur la terre ; ainsi en sera-t-il parmi eux, jusque dans les siècles des siècles.

6. Et dans ce lieu, mes yeux virent l'Élu de justice et de fidélité ; et la justice règne dans ses jours, et les justes et les élus sont innombrables devant lui, pour les siècles des siècles. 7. Je vis son habitation sous les ailes du Seigneur des esprits ; tous les justes et les élus brillent devant lui comme l'éclat du feu ; leur bouche est remplie de bénédiction, et leurs lèvres glorifient le nom du Seigneur des esprits ; et la justice devant lui ne passe pas, et la vérité ne passe pas devant lui. 8. C'est là que je voulais demeurer,

et mon âme désirait ce séjour ; c'est là que fut d'abord ma part, car ainsi il a été statué pour moi devant le Seigneur des esprits.

9. En ces jours, j'ai loué et j'ai exalté le nom du Seigneur des esprits, avec bénédiction et louange , car il m'a confirmé en bénédiction et en gloire, selon le bon plaisir du Seigneur des esprits. 10. Et longtemps mes yeux ont regardé cet endroit, et je l'ai béni et je l'ai glorifié en disant : Béni il est, et béni soit-il depuis le commencement jusqu'à l'éternité. 11. Et devant lui, il n'y a point de fin ; avant que le monde ne soit créé, il sait ce qu'il est, ainsi que ce qui aura lieu de génération en génération. 12. Ils te bénissent, ceux qui ne dorment pas ; ils se tiennent devant ta gloire, et ils bénissent, ils glorifient et ils exaltent en disant : Saint, Saint, Saint, le Seigneur des esprits ; il remplit la terre d'esprits. 13. Et là mes yeux virent tous ceux qui ne dorment pas, se tenir devant lui et (le) bénir et dire : « Béni sois-tu ; et béni soit le nom du Seigneur pour les siècles des siècles ! » 14. Et mon visage fut transformé, de sorte que je ne pouvais plus regarder.

CHAPITRE XL

Les quatre archanges : Michaël, Raphaël, Gabriel et Phanuel.

1. Et après cela, je vis des milliers de milliers et des myriades de myriades, innombrables et sans supputation (possible), qui se tiennent devant le Seigneur des esprits. 2. Puis je regardai et je vis, aux quatre côtés du Seigneur des esprits, quatre visages différents de ceux qui ne dorment pas, et j'appris leurs noms que me fit connaître l'ange qui marchait avec moi et me faisait voir tous les secrets. 3. Et j'entendis les voix de ces quatre visages, tandis qu'ils chantaient des louanges en présence du Seigneur de gloire. 4. La première voix bénit le Seigneur des esprits pour les siècles des siècles. 5. Et j'entendis la seconde voix bénir l'Élu et les élus qui dépendent du Seigneur des esprits. 6. Et j'entendis la troisième voix demander et prier pour ceux qui habitent sur l'aride ; et elle suppliait au nom du Seigneur des esprits. 7. Et j'entendis la quatrième voix chasser les Satans, et elle ne leur permettait pas d'arriver auprès du Seigneur des esprits pour accuser ceux qui habitent sur l'aride.

8. Après cela, je demandai à l'ange de paix qui marchait avec moi et me montrait tout ce qui est caché : « Quels sont ces quatre visages, que j'ai vus et dont j'ai entendu et écrit la parole ? » 9. Et il me dit : « Le premier est le miséricordieux et très patient Michaël ; le second, qui est préposé à toutes les maladies et à toutes les blessures des enfants des hommes, est Raphaël ; le troisième, qui est préposé à toute force, est Gabriel ; et le quatrième, qui préside au repentir, pour l'espoir de ceux qui hériteront la vie éternelle, son nom est Phanuel. » 10. Ce sont là les

quatre anges du Seigneur des esprits, et les quatre voix que j'ai entendues en ces jours.

CHAPITRE XLI

Le séjour des élus. — Les secrets des éléments, du soleil et de la lune.

« Ensuite, je vis tous les secrets des cieux, et comment le royaume sera partagé, et comment les actions des hommes seront pesées dans la balance. 2. Là, je vis le séjour des élus et le séjour des saints, et mes yeux virent là tous les pécheurs, qui renient le nom du Seigneur des esprits, chassés de ce lieu, emmenés captifs, et ne pouvant plus subsister à cause du châtiment qui vient du Seigneur des esprits.

[3. Et là mes yeux virent les secrets des éclairs et du tonnerre, et les secrets des vents, — comment ils sont distribués pour souffler sur la terre, — et les secrets des nuages et de la rosée ; et là je vis d'où ils sortent, en ce lieu même, et d'où est saturée (d'humidité) la poussière de la terre. 4. Là je vis des réservoirs fermés, d'où les vents sont distribués ; le réservoir de la grêle et du vent 2, le réservoir de la nuée et des nuages, — et son nuage (de ce réservoir) plane sur la terre depuis le commencement du monde. 5. Je vis les réservoirs du soleil et de la lune, d'où (ces astres) sortent, et où ils reviennent, — et leur retour est glorieux ;

— et comment l'un est plus beau que l'autre, — et (comment) leur course est magnifique ; (et je vis) comment ils ne s'écartent pas de leur route, et ils n'ajoutent ni ne retranchent rien à leur parcours, mais restent l'un à l'autre fidèles, dans le serment qu'ils se sont fait. 6. Le soleil sort d'abord, et il suit sa voie par l'ordre du Seigneur des esprits ; et son nom restera dans les siècles des siècles. 7. Ensuite, vient le chemin caché puis découvert de la lune ; elle accomplit le parcours de sa voie dans ce lieu même, pendant le jour et pendant la nuit ; et l'un est à l'opposé de l'autre en présence du Seigneur des esprits ; et ils rendent grâces et ils louent sans se reposer, car pour eux l'action de grâces est un repos. 8. Le soleil accomplit en effet de nombreuses révolutions, soit pour bénir, soit pour maudire ; et le parcours du chemin de la lune est lumière pour les justes, et ténèbres pour les pécheurs, au nom du Seigneur qui a séparé la lumière des ténèbres, qui a partagé les esprits des hommes, et a affermi les esprits des justes au nom de sa justice.]

9. Car aucun ange ne les arrête (les pécheurs du v. 2) ; et (aucune) puissance ne les peut retenir, car le juge les voit tous, et il les juge tous devant lui (Dieu).

CHAPITRE XLII

Le séjour de la sagesse et celui de l'injustice.

1. La sagesse n'a pas trouvé de lieu où elle pût habiter, aussi sa demeure est dans les cieux. 2. La sagesse est sortie pour habiter parmi les enfants des hommes, et elle n'a pas trouvé d'habitation ; la sagesse est revenue en son séjour et s'est fixée au milieu des anges. 3. Et l'injustice est sortie de ses repaires ; elle a trouvé ceux qu'elle ne cherchait pas et elle a habité parmi eux, comme la pluie dans le désert, et comme la rosée sur une terre altérée.

CHAPITRE XLIII

Les révolutions des étoiles ; leur signification symbolique.

[1. Puis je vis d'autres éclairs et les étoiles du ciel, et je vis comment il les appelle par leurs noms ; et (comment) elles l'écoutent. 2. Et je vis la balance de justice, comment elles (y) sont pesées selon leur lumière, selon la largeur de leurs espaces et le jour de leur apparition ; leur révolution engendre l'éclair ; et (je vis) leur révolution selon le nombre des anges, et (comment) elles se gardent fidélité entre elles. 3. Je demandai à l'ange qui marchait avec moi, qui me montrait ce qui est caché : « Qui sont ceux-ci ? » 4. Et il me dit : « Le Seigneur des esprits t'a montré leur parabole : ce sont les noms des saints qui habitent sur l'aride et croient au nom du Seigneur des esprits pour les siècles des siècles. »

CHAPITRE XLIV

Les étoiles qui se transforment en éclairs.

Je vis encore d'autres choses au sujet des éclairs, comment certaines étoiles surgissent, deviennent des éclairs et ne peuvent plus abandonner leur (nouvelle) forme.]

CHAPITRE XLV

Seconde parabole : le sort des renégats ; la transformation des cieux et de la terre.

1. Voici la seconde parabole sur ceux qui renient le nom du séjour des saints, ainsi que le Seigneur des esprits. 2. Ils ne monteront pas au ciel et ils n'atteindront pas la terre : tel sera le lot des pécheurs qui ont renié le nom du Seigneur des esprits, et qui, ainsi, sont réservés pour le jour de l'affliction et de l'infortune. 3. En ce jour mon Élu siégera sur un trône de gloire, et il choisira parmi leurs actions (des hommes), et leurs lieux de repos seront innombrables ; et leur âme s'affermira au dedans d'eux, lorsqu'ils verront mes élus et ceux qui ont eu recours à mon nom glorieux.

4. En ce jour, je ferai habiter mon Élu au milieu d'eux, et je transformerai le ciel, et je le ferait bénédiction et lumière pour l'éternité. 5. Et je transformerai l'aride et je la ferai bénédiction ; et j'y ferai habiter mes élus ; mais ceux qui ont commis le péché et le crime ne la fouleront pas. 6. Car moi, j*ai vu et j'ai rassasié de paix mes justes, et je les ai fait habiter devant moi ; mais le jugement des pécheurs s'est approché de moi afin que je les fasse disparaître de la face de la terre.

CHAPITRE XLVI

La « Tête des jours » et le Fils de l'homme.

1. Là je vis quelqu'un qui avait une « tête de jours », et sa tête était comme de la laine blanche ; et avec lui un autre dont la figure avait l'apparence d'un homme, et sa figure était pleine de grâce, comme un des anges saints. 2. J'interrogeai l'ange qui marchait avec moi, et qui me faisait connaître tous les secrets au sujet de ce Fils de l'homme : « Qui est-il, et d'où vient-il ; pourquoi marche-t-il avec la Tête des jours ? »

3. « Il me répondit et me dit : « C'est le Fils de l'homme, qui possède la justice et avec lequel la justice habite, qui révélera tous les trésors des secrets, parce que le Seigneur des esprits l'a choisi , et son sort a vaincu par le droit devant le Seigneur des esprits pour l'éternité. 4. Le Fils de

l'homme que tu as vu fera lever les rois et les puissants de leurs couches, et les forts de leurs sièges ; et il rompra les freins des forts, et il brisera les dents des pécheurs ; 5. et il renversera les rois de leurs trônes et de leur pouvoir, parce qu'ils ne l'ont pas exalté et qu'ils ne l'ont pas glorifié et qu'ils n'ont pas confessé humblement d'où leur avait été donnée la royauté. 6. Il renversera la face des forts, et il les remplira de honte ; les ténèbres seront leur demeure et les vers seront leur couche, et ils ne pourront pas espérer se soulever de leur couche, parce qu'ils n'ont pas exalté le nom du Seigneur des esprits. 7. Ce sont ceux qui jugent les étoiles du ciel et qui lèvent leurs mains contre le Très-Haut, qui foulent l'aride et habitent sur elle, et dont toutes les œuvres manifestent l'injustice [et toutes leurs œuvres sont injustice] ; leur puissance réside dans leur richesse, et leur confiance (va) aux dieux qu'ils ont faits de leurs mains ; ils renient le nom du Seigneur des esprits ; 8. et ils persécutent ses assemblées, et les fidèles qui sont attachés au nom du Seigneur des esprits. »

CHAPITRE XLVII

Le sang des justes crie vengeance. Joie des saints à l'approche de cette vengeance.

1. Et dans ces jours la prière des justes et le sang du juste monteront de la terre devant le Seigneur des esprits. 2. En

ces jours, les saints qui habitent au haut des cieux s'uniront en une seule voix, et ils supplieront, prieront, glorifieront, remercieront et béniront le nom du Seigneur des esprits au sujet du sang des justes qui a été versé, et de la prière des justes, afin qu'elle ne soit pas vaine devant le Seigneur des esprits, mais que justice leur soit faite, et que leur attente ne soit pas éternelle.

3. « En ce temps, je vis la « Tête des jours », tandis qu'il siégeait sur le trône de sa gloire, et les livres des vivants furent ouverts devant lui, et toute son armée, qui habite au haut des cieux, et sa cour se tenaient debout en sa présence. 4. Et le cœur des saints fut rempli de joie parce que le nombre de la justice est proche (du terme fixé), la prière des justes a été exaucée, et le sang du juste a été vengé devant le Seigneur des esprits.

CHAPITRE XLVIII

La source de justice. — Le Fils de l'homme lumière et espoir des peuples. — Châtiment des rois et des puissants.

1. Dans ce lieu je vis la source de justice, qui est inépuisable ; et tout autour il y avait beaucoup de fontaines de sagesse ; et tous les altérés y buvaient et étaient remplis de sagesse, et ils avaient leurs habitations avec les justes, les saints et les élus.

2. Et à ce moment, ce Fils de l'homme fut nommé auprès du Seigneur des esprits, et son nom (fut nommé) devant la « Tête des jours ». 3. Et avant que le soleil et les signes fussent créés, avant que les étoiles du ciel fussent faites, son nom fut nommé devant le Seigneur des esprits. 4. Il sera un bâton pour les justes, afin qu'ils puissent s'appuyer sur lui et ne pas tomber ; il sera la lumière des peuples, et il sera l'espérance de ceux qui souffrent dans leur cœur. 5. Tous ceux qui habitent sur l'aride se prosterneront et l'adoreront ; et ils béniront et ils glorifieront et ils chanteront le Seigneur des esprits. 6. Et c'est pour cela qu'il a été élu et caché devant lui (le Seigneur) avant la création du monde, et pour l'éternité ... 7. La sagesse du Seigneur des esprits l'a révélé aux saints et aux justes, car il a conservé la part des justes parce qu'ils ont haï et méprisé ce monde d'injustice et qu'ils en ont haï toute l'œuvre et les voies au nom du Seigneur des esprits ; car c'est par son nom qu'ils seront sauvés, et il est le vengeur de leur vie.

8. Dans ces jours les rois de la terre et les puissants qui possèdent l'aride auront le visage abattu à cause de l'œuvre de leurs mains, car au jour de leur angoisse et de leur affliction, ils ne se sauveront pas. 9. Je les livrerai aux mains de mes élus ; comme la paille dans le feu et comme le plomb dans l'eau, ainsi ils brûleront devant la face des saints, et ils seront submergés devant la face des justes ; on n*en trouvera plus trace. 10. Et au jour de leur affliction,. il y aura du repos sur la terre ; devant eux (les justes) ils tomberont et ne se relèveront plus, et il n'y aura personne

pour leur tendre la main et les relever, parce qu'ils ont renié le Seigneur des esprits et son Messie. Que le nom du Seigneur des esprits soit béni !

CHAPITRE XLIX

Puissance et sagesse de l'Élu.

1. Car devant lui la sagesse coule comme de l'eau et la gloire ne passe pas dans les siècles des siècles. 2. Parce qu'il est puissant dans tous les secrets de justice, l'injustice s*évanouira comme l'ombre et n'aura pas de refuge ; car l'Élu se tient debout devant le Seigneur des esprits, et sa gloire (demeure) pour les siècles des siècles, et sa puissance pour les générations des générations. 3. En lui habite l'esprit de sagesse, et l'esprit qui éclaire, et l'esprit de science et de force, et l'esprit de ceux qui se sont endormis dans la justice. 4. C'est lui qui juge les choses secrètes, et personne ne peut prononcer de paroles vaines devant lui, car il est l'Élu en présence du Seigneur des esprits selon son bon plaisir.

CHAPITRE L

Gloire des Justes et malheur des pécheurs au jour de l'Élu.

1. En ces jours il y aura un changement pour les saints et pour les élus : la lumière des jours habitera sur eux, et la gloire et l'honneur viendront vers les saints. 2. Au jour de l'affliction, lorsque le malheur sera amoncelé sur les pécheurs, les justes seront victorieux par le nom du Seigneur des esprits, et il montrera aux autres à faire pénitence et à renoncer à l'œuvre de leurs mains. 3. Ils n'auront aucun honneur par le nom du Seigneur des esprits, mais par son nom ils seront sauvés, et le Seigneur des esprits aura pitié d'eux, car sa miséricorde est grande. 4. Mais il est juste dans son jugement ; et en présence de sa gloire, dans son jugement, l'injustice ne pourra pas tenir : celui qui ne fera pas pénitence devant lui, périra. 5. Et désormais je ne leur ferai plus miséricorde, dit le Seigneur des esprits.

CHAPITRE LI

L'Élu choisira les justes parmi les morts que la terre et le scheol rendront. Ces justes habiteront sur la terre.

1. En ces jours, la terre rendra son dépôt, et le scheol rendra ce qu'il a reçu, et les enfers rendront ce qu'ils doivent. 2. Il (l'Elu) choisira parmi eux les justes et les saints, car il est proche le jour où ils seront sauvés. 3. L'Élu, en ces jours, siégera sur mon trône, et tous les secrets de la

sagesse sortiront des sentences de sa bouche, car le Seigneur des esprits l'a gratifié de ce don et l'a glorifié. 4. En ces jours les montagnes sauteront comme des béliers, et les collines bondiront comme des agneaux rassasiés de lait ; et tous (les justes) deviendront des anges dans le ciel. 5. Leur visage brillera de joie, parce que, en ces jours, l'Élu se lèvera ; et la terre se réjouira, et les justes l'habiteront, et les élus marcheront et se promèneront sur elle.

CHAPITRE LII

Les montagnes de métaux fondront devant l'Élu.

1. Après ces jours, dans ce lieu où j'avais vu toutes les visions de ce qui est caché, — car j'avais été emporté par un tourbillon de vent, et emmené vers l'ouest, — 2. là même mes yeux virent tous les secrets des cieux, qui doivent arriver, une montagne de fer, une montagne de cuivre, une montagne d'argent, une montagne d'or, une montagne d*étain et une montagne de plomb. 3. Et j'interrogeai l'ange qui marchait avec moi, en disant : « Quelles sont ces choses que j'ai vues dans le secret ? »

« Il me dit : « Tout ce que tu as vu servira au pouvoir de son Messie pour qu'il soit fort et puissant sur la terre. » 5. Puis cet ange de paix prenant la parole me dit : « Attends un peu, et ils te seront révélés tous les mystères qui entourent le Seigneur des esprits. 6. Ces montagnes que tes yeux ont vues, la montagne de fer, la montagne de cuivre, la montagne d'argent, la montagne d'or, la montagne d'étain et la montagne de plomb, elles seront toutes devant l'Élu comme la cire devant le feu et comme l'eau qui tombe d^en haut sur ces montagnes, et elles s'amolliront à ses pieds. 7. Et en ces jours, on ne sera sauvé ni par l'or ni par l'argent, et on ne pourra pas fuir. 8. Il n'y aura ni fer pour la guerre, ni étoffe pour la cuirasse de la poitrine ; le bronze sera inutile, l'étain ne servira de rien et ne sera pas estimé, et le plomb ne sera pas recherché. 9. Toutes ces choses seront détruites et anéanties sur la face de la terre, lorsque apparaîtra l'Élu devant la face du Seigneur des esprits. »

CHAPITRE LIII

La vallée sans fond. — Les anges du châtiment préparent les instruments de Satan. — La maison de rassemblée de l'Élu.

1. Et là mes yeux virent une vallée profonde avec de larges bouches ; et tous ceux qui habitent l'aride, la mer et les îles, lui apportent des présents, des dons et des offrandes, mais cette profonde vallée ne se remplit pas. 2. Leurs mains commettent le crime, et tout ce que (les justes) produisent avec peine les pécheurs le dévorent criminellement ; aussi les pécheurs périront devant la face

du Seigneur des esprits, et de la face de sa terre. Ils seront chassés sans cesse pour les siècles des siècles.

3. Car je vis tous les anges du châtiment s'établir et préparer tous les instruments de Satan. 4. Et j'interrogeai l'ange de paix qui marchait avec moi : « Ces instruments, pour qui les préparent-ils ? 5. Et il me dit : « Ces (instruments), ils les préparent pour les rois et les puissants de cette terre, afin que par eux ils périssent.

6. « Après cela, le Juste et l'Élu fera apparaître la maison de son assemblée ; désormais (les justes) n'(en) seront plus repoussés grâce au nom du Seigneur des esprits. 7. Ces montagnes ne seront plus en présence de sa justice, comme la terre ; et les collines deviendront comme une fontaine d'eau, et les justes se reposeront de l'oppression des pécheurs. »

CHAPITRE LIV

La vallée de feu. — Les instruments du supplice des mauvais anges. — Le fléau de Dieu (déluge).

1. Et je regardai, et je me tournai vers un autre côté de la terre, et je vis là une vallée profonde où un feu flambait. 2. Et on amena les rois et les puissants et on les jeta dans cette vallée profonde.

3. Là mes yeux virent fabriquer leurs instruments de supplice, des chaînes de fer qu'on ne pourrait peser. 4. Et j'interrogeai l'ange de paix qui marchait avec moi, en disant : « Ces chaînes de torture pour qui sont-elles préparées ? » 5. Il me dit : « Ces chaînes sont préparées pour les troupes d'Azazel afin de les prendre et de les jeter dans l'abîme de toute damnation, et de couvrir leurs mâchoires de pierres raboteuses, selon que l'a ordonné le Seigneur des esprits. 6. Puis Michaël, Gabriel, Raphaël et Phanuel les saisiront en ce grand jour, et les jetteront, ce jour-là, dans la fournaise ardente, afin que le Seigneur des esprits les châtie de leur iniquité, car ils se sont faits les serviteurs de Satan, et ils ont entraîné au péché ceux qui habitent sur l'aride.

7. « Dans ces jours, viendra le fléau du Seigneur des esprits, et (ce fléau) ouvrira tous les réservoirs des eaux qui sont au-dessus des cieux, et des fontaines qui sont [sous les cieux et] sous la terre. 8. Toutes ces eaux se mélangeront, eaux avec eaux ; l'eau qui est au-dessus du ciel est du sexe masculin, et l'eau qui est sous la terre est du sexe féminin. 9. Et tous ceux qui habitent sur l'aride, et ceux qui habitent sous les extrémités du ciel seront anéantis. 10. C'est pourquoi ils reconnaîtront l'injustice qu'ils ont commise sur la terre, et par elle ils périront. »

CHAPITRE LV

Serment de la « Tête des jours ». — L'arc-en-ciel placé comme un signe dans les cieux.

1. Après cela, la « Tête des jours » se repentit et dit : « C'est inutilement que j'ai détruit tous ceux qui habitent sur l'aride. » 2. Et il jura par son grand nom : « Désormais je n'agirai plus ainsi à l'égard de tous ceux qui habitent sur l'aride ; je placerai un signe dans les cieux, et il sera un gage de fidélité entre moi et eux pour toujours, aussi longtemps que le ciel sera au-dessus de la terre.]

3. « Et voici ce qui arrivera selon mon ordre : Si je veux les saisir par la main des anges, au jour de la tribulation et de la souffrance, auparavant je ferai reposer ma colère et mon châtiment sur eux, (oui) ma colère et mon châtiment, dit Dieu, le Seigneur des esprits. 4. Rois puissants qui habitez sur l'aride, vous verrez mon Élu s'asseoir sur le trône de gloire et juger Azazel et tous ses compagnons et toute son armée, au nom du Seigneur des esprits. »

CHAPITRE LVI

Les anges du châtiment jetteront leurs élus dans la crevasse de la vallée. — Marche des rois des Parthes et des Mèdes contre la terre des élus de Dieu. — Leur anéantissement dans le scheol.

1. Je vis là les troupes des anges du châtiment, qui marchaient en tenant des fouets et des chaînes de fer et d'airain. 2. Et j'interrogeai l'ange de paix qui marchait avec moi, en disant : « Vers qui se rendent ceux qui tiennent les fouets ? » 3. Il me dit : « Vers leurs élus et leurs bien-aimés, afin que ceux-ci soient jetés dans la profonde crevasse de la vallée. 4. Alors cette vallée sera remplie de leurs élus et (de leurs) bien-aimés, le temps de leur vie 2 sera consommé, et le temps de leur égarement ne sera plus compté.

5. « En ces jours, les anges reviendront et se jetteront vers l'orient , chez les Parthes et les Mèdes ; ils secoueront les rois, et un esprit de trouble les envahira (les rois) ; et ils les renverseront de leurs trônes et (ces rois) s'enfuiront comme des lions de leurs tanières et des hyènes affamées au milieu de leurs troupeaux. 6. Et ils monteront et ils fouleront la terre de ses élus (de Dieu), et la terre de ses élus sera devant eux une aire et un sentier battu. 7. Mais la ville de mes justes sera un obstacle pour leurs chevaux, et ils allumeront la guerre entre eux, et leur droite déploiera sa force contre eux ; — l'homme ne connaîtra pas son frère, ni le fils son père et sa mère, jusqu'à ce que le nombre des cadavres soit (complet) par suite de leur mort, et que leur châtiment ne soit pas vain. 8. En ce temps, le scheol ouvrira sa gueule, ils y seront engloutis et leur destruction prendra fin ; le scheol dévorera les pécheurs devant la face des élus. »

CHAPITRE LVIII

Des chars montés par des hommes et portés sur les vents traversent le ciel.

1. Et il arriva, après cela, que je vis une autre armée de chars, sur lesquels étaient montés des hommes ; et ils allaient, sur les vents, de l'orient et de l'occident jusqu'au midi. 2. On entendait le roulement de leurs chars, et lorsque ce tumulte se produisit, les saints s'en aperçurent du ciel, la colonne de la terre fut ébranlée de sa base et on l'entendit d'une extrémité du ciel à l'autre pendant un jour. 3. Et eux tous (les saints) se prosternèrent et adorèrent le Seigneur des esprits. Telle est la fin de la seconde parabole.

CHAPITRE LVIII

Troisième parabole sur le bonheur des saints.

1. Et je commençai à dire la troisième parabole relative aux justes et aux élus. 2. Heureux êtes-vous, ô justes et élus, car votre part est glorieuse. 3. Les justes seront dans la lumière du soleil, et les élus dans la lumière d'une vie éternelle ; et les jours de leur vie seront sans fin, les jours des saints seront sans nombre. 4. Ils chercheront la lumière et ils trouveront la justice auprès du Seigneur des esprits ; paix aux justes au nom du Seigneur du monde ! 5. Après

cela il sera dit aux saints dans le ciel de chercher les secrets de la justice, partage de la foi, car elle brille comme le soleil sur l'aride et les ténèbres ont disparu. 6. Et il y aura une lumière qui ne se peut évaluer, et ils n'entreront pas dans un nombre (limité) de jours, car auparavant les ténèbres auront été dissipées, la lumière aura été affermie devant le Seigneur des esprits, et la lumière de vérité aura été affermie pour toujours devant le Seigneur des esprits.

CHAPITRE LIX

Les éclairs, les luminaires et le tonnerre.

[1. En ce temps-là, mes yeux virent les secrets des éclairs et des luminaires, et leur jugement (le jugement qu'ils exécutent) : ils éclairent pour bénir ou pour maudire selon le bon plaisir du Seigneur des esprits. 2. Là je vis les secrets du tonnerre, lorsqu'il foudroie au haut du ciel et que sa voix se fait entendre, [et il me fit voir les habitations de l'aride,] et la voix du tonnerre est (une voix) de paix et de bénédiction ou de malédiction, selon l'ordre du Seigneur des esprits. 3. Et après cela, tous les secrets des luminaires et des éclairs me furent montrés ; ils éclairent pour bénir et pour rassasier.]

CHAPITRE LX

L'agitation du ciel. — Béhémoth et Léviathan. Les éléments

[1. En l'année cinq cent, dans le septième mois, le quatorze du mois, dans la vie de Noé, dans cette parabole, je vis que le ciel des cieux était secoué d une grande secousse, et l'armée du Très-Haut, et les anges, par milliers de mille et myriades de myriades, étaient agités d'une grande agitation. 2. « La Tête des jours » sur le siège de sa gloire était assis, et les anges et les justes se tenaient debout autour de lui.

3. Et moi, un grand tremblement me prit, la crainte me saisit, mes reins s'ouvrirent, mes reins fondirent, et je tombai sur ma face. 4. Mais Michaël envoya un autre ange d'entre les saints ; il me releva, et quand il m'eut relevé, mon esprit revint, car je ne pouvais pas supporter la vue de cette armée et de son agitation et des secousses du ciel.

5. Et Michaël me dit : Pourquoi la vision de ces choses te trouble-t-elle ? Jusqu'à ce jour a été le temps de sa miséricorde (de Dieu), et il a été miséricordieux et lent à la colère pour ceux qui habitent sur l'aride. 6. Mais quand viendra le jour, et la puissance, et le châtiment, et le jugement que le Seigneur des esprits a préparé pour ceux qui n'adorent pas le jugement de justice, pour ceux qui renient le jugement de justice et pour ceux qui prennent son nom en vain, et ce jour a été préparé pacte pour les élus

mais inquisition pour les pécheurs, (alors il tuera les petits avec leur mère et les enfants avec leur père).

7. Or deux monstres ont été séparés en ce jour : un monstre femelle du nom de Léviathan, pour qu'il habite dans l'abîme des mers, au-dessus des sources des eaux ; 8. et un mâle du nom de Behémoth, qui occupe avec sa poitrine le désert immense du nom de Dendaïn, à l'orient du jardin où demeurent les élus et les justes, où il (Dieu) reçut mon grand-père, le septième depuis Adam, le premier homme qu'a fait le Seigneur des esprits.

9. Et j'interrogeai un autre ange pour qu'il me montrât la force de ces monstres, comment ils avaient été séparés en un seul jour, et jetés, l'un dans l'abîme de la mer, et l'autre dans la terre du désert.

10. Il me dit : « Toi, fils de l'homme, ici tu venu connaître ce qui est secret... »

11. Et un autre ange me parla, qui marchait avec moi et qui me faisait voir ce qui est caché, le commencement et la fin, dans le ciel en haut, et sous l'aride dans l'abîme, et aux extrémités du ciel, et dans les fondements du ciel ; 12. et les réservoirs des vents, comment les vents sont divisés, comment ils sont pesés, et comment sont divisées et comptées les sources des vents selon la force du vent; et la puissance de la lumière de la lune, et comment elle est une puissance de justice; et les divisions des étoiles selon leur nom, et toute division qui est faite (parmi les étoiles) ; 13. et le tonnerre dans les lieux où il tombe, et toute division qui est faite dans les éclairs, pour qu'ils luisent, et (dans ?) leur

armée, pour qu'ils obéissent promptement. 14. Car le tonnerre a des pauses pour retenir sa voix (comme) il lui a été donné, et le tonnerre et l'éclair ne sont pas séparés en quoi que ce soit ; par l'esprit ils marchent tous les deux, et ils ne sont pas séparés. 15. Car lorsque l'éclair luit, le tonnerre donne de la voix, et l'esprit aussitôt l'apaise et partage également entre eux, car le réservoir de leurs temps est de sable, et chacun d'eux est retenu par un frein, et il est ramené par la force de l'esprit, et il est conduit ainsi selon la multitude des régions de la terre. 16. L'esprit de la mer est mâle et vigoureux, et, selon la force de sa vigueur, il la ramène avec un frein, et ainsi elle est chassée et dispersée sur toutes les montagnes de la terre. 17. L'esprit de la gelée est son ange à elle, et l'esprit de la grêle est un bon ange. 18. L'esprit de la neige la laisse (tomber) par sa propre force; elle a un esprit spécial, ce qui monte d'elle est comme de la fumée, et son nom est fraîcheur. 19. L'esprit du brouillard ne leur est pas associé dans leurs réservoirs, mais il a un réservoir particulier, car sa route à lui est brillante (?) dans la lumière et dans l'obscurité, en hiver et en été, et dans son propre réservoir est un ange. 20. L'esprit de la rosée a son habitation aux extrémités du ciel et elle est contiguë aux réservoirs de la pluie ; sa propre course a lieu en hiver et en été, et son nuage à elle et le nuage du brouillard sont associés, et l'un donne à l'autre. 21. Quand l'esprit de la pluie se meut hors de son réservoir, les anges viennent, ouvrent le réservoir et la font sortir ; et quand elle se répand sur toute l'aride, elle s'unit à l'eau qui est sur l'aride, [et quand... elle s'unit en tout temps à l'eau qui est sur l'aride.] 22. Car les eaux sont pour ceux qui habitent sur l'aride, car elles sont pour l'aride un aliment (qui vient) du Très-Haut qui est dans le ciel; c'est pourquoi la pluie a une mesure, et les anges la reçoivent (?). 23. Je vis tout cela jusqu'au jardin des justes.

24. Et l'ange de paix qui était avec moi me dit : « Ces deux monstres, qui conviennent à la grandeur du Seigneur de l'Univers, sont nourris afin [que ... ne vienne pas en vain le châtiment du Seigneur des esprits], et il (le châtiment) tuera les petits avec leur mère et les enfants avec leur père. 25. Lorsque le châtiment du Seigneur des esprits s'appesantira sur eux, il s'appesantira pour que le châtiment du Seigneur des esprits ne vienne pas en vain sur ceux-là. Ensuite aura lieu le jugement dans sa miséricorde et dans sa patience. »]

CHAPITRE LXI

Les anges vont mesurer le séjour des justes. Jugement des saints par l'Élu.

1. Or je vis en ces jours : de longues cordes furent données à ces anges, et ils prirent des ailes et s'envolèrent, et ils allèrent du côté du nord.

2. Et j'interrogeai l'ange en lui disant : « Pourquoi ont-ils pris ces cordes et s'en sont-ils allés ? » Il me dit : « Ils sont

allés afin de mesurer. »

3. Et l'ange qui marchait avec moi me dit : « Ceux-ci (ces anges) apportent aux justes les mesures des justes et les cordeaux des justes, pour qu'ils s'appuient sur le nom du Seigneur des esprits pour les siècles des siècles. 4. Les élus commenceront à habiter avec les élus, et ces mesures sont celles qui seront données à la foi, et qui affermiront la justice. 5. Ces mesures révéleront tous les secrets de l'abîme de la terre, et ceux qui ont été détruits par le désert, et ceux qui ont été engloutie par les poissons de la mer et par les bêtes, afin qu'ils reviennent et qu'ils s'appuient sur le jour de l'Élu, car il n'y a rien qui périsse devant le Seigneur des esprits, et il n'y a rien qui puisse périr. 6. Et tous ceux qui sont en haut du ciel ont reçu un ordre, et un pouvoir, et une seule voix, et une seule lumière comme du feu. 7. Et lui (l'Élu?) d'abord, de la voix (?), ils l'ont béni et exalté, ils l'ont loué avec sagesse, et ils ont été sages par la parole et par l'esprit de vie.

8. « Et le Seigneur des esprits a fait asseoir l'Élu sur un trône de gloire, il jugera toutes les œuvres des saints en haut du ciel, et leurs œuvres seront pesées dans la balance. 9. Quand il lèvera sa face pour juger leurs voies secrètes par la parole du nom du Seigneur des esprits et leur sentier par la voie du juste jugement du Seigneur des esprits, ils parleront tous d*une seule voix, et ils béniront et loueront et exalteront et proclameront saint le nom du Seigneur des esprits. 10. Et elle (le) proclamera toute l'armée des cieux, et tous les saints en haut, et l'armée du Seigneur de

l'Univers, les Chérubins, les Séraphins, les Ophanim, tous les anges de puissance et tous les anges des principautés, et l'Élu, et les autres puissances qui sont sur l'aride et sur l'eau. » 11. En ce jour, ils élèveront la voix, et ils béniront, ils loueront et ils exalteront dans l'esprit de fidélité, dans l'esprit de miséricorde, dans l'esprit de justice et de paix et dans l'esprit de bonté, et ils diront tous d'une seule voix : « Béni est et béni soit le nom du Seigneur des esprits, à jamais et jusqu'à l'éternité. » 12. Ils le béniront, tous ceux qui ne dorment pas en haut du ciel ; ils le béniront, tous les saints qui sont dans le ciel, et tous les élus qui habitent dans le jardin de vie, et tout esprit de lumière qui pourra bénir et louer et exalter et proclamer saint ton nom béni, et toute chair qui louera et bénira au delà de toutes (ses) forces ton nom pour les siècles des siècles. 13. Car grande est la miséricorde du Seigneur des esprits et il est lent à la colère, et toutes ses œuvres et la mesure de ses œuvres il les a révélées aux justes et aux élus, au nom du Seigneur des esprits.

CHAPITRE LXII

Jugement des rois et des puissants — Bonheur des Justes.

1. Ainsi ordonna le Seigneur aux rois, aux puissants et aux grands, et à ceux qui habitent la terre, et il dit :

« Ouvrez les yeux et élevez vos cornes (pour voir) si vous pourrez reconnaître l'Élu. » 2. Et le Seigneur des esprits s'assit sur le trône de sa gloire, l'Esprit de justice se répandit sur lui (l'Élu), et la parole de sa bouche mit à mort tous les pécheurs, et tous les méchants furent détruits devant sa face.

3. En ce jour, tous les rois, et les puissants, et ceux qui possèdent la terre, se tiendront debout, et ils le verront et le reconnaîtront comme il siégera sur le trône de sa gloire; la justice devant lui sera jugée, et de parole vaine il n'y en aura pas qui soit prononcée devant lui. 4. Et la douleur viendra sur eux comme à une femme en travail, dont l'accouchement est laborieux, quand son enfant vient à l'ouverture du bassin, et qu'elle souffre pour enfanter. 5. La moitié d'entre eux regardera l'autre moitié, et ils seront terrifiés ; ils baisseront la face, et la douleur les saisira quand ils verront ce Fils de l'homme assis sur le trône de sa gloire.

6. Et les rois et les puissants et tous ceux qui possèdent la terre loueront, béniront et exalteront celui qui règne sur tout ce qui est secret. 7. Car devant lui est caché le Fils de Tl'homme, et le Très-Haut l'a gardé devant sa puissance et l'a révélé aux élus. 8. Et la société des élus et des saints sera semée, et tous les élus se tiendront debout devant lui en ce jour.

9. Et tous les rois, et les puissants, et les grands, et ceux qui dominent l'aride, tomberont devant lui sur leur face, et ils adoreront, et ils espéreront en ce Fils de l'homme, et ils

le supplieront et lui demanderont' miséricorde. 10. Mais ce Seigneur des esprits les pressera pour qu'ils se hâtent de sortir de devant sa face, et il remplira de honte leur face, et les ténèbres s'accumuleront sur leur face. 11. Et il les livrera aux anges pour le châtiment, afin qu'ils les punissent, eux qui ont opprimé ses enfants et ses propres élus. 12. Et ils seront en spectacle aux justes et à ses élus ; ils se réjouiront à leur sujet, parce que la colère du Seigneur des esprits s'appesantit sur eux, et que son glaive s'enivre d'eux (c'est-à-dire de leur sang).

13. Mais les justes et les élus seront sauvés en ce jour, et ils ne verront plus désormais la face des pécheurs et des méchants. 14. Et le Seigneur des esprits demeurera sur eux, et avec ce Fils de l'homme ils mangeront, ils se coucheront et se lèveront pour les siècles des siècles. 15. Et les justes et les élus se lèveront de la terre, ils cesseront de baisser la face, et ils revêtiront des vêtements de gloire. 16. Et tels seront vos vêtements : des vêtements de vie de la part du Seigneur des esprits, et vos vêtements ne vieilliront pas, et votre gloire ne passera pas devant le Seigneur des esprits.

CHAPITRE LXIII

Les rois et les puissants supplient inutilement leur juge.

1. En ces jours, les puissants et les rois qui possèdent l'aride supplieront les anges du châtiment à qui ils ont été

livrés, de leur donner un peu de repos, afin qu'ils tombent devant le Seigneur des esprits et l'adorent, et pour qu'ils confessent leurs péchés devant lui. 2. Et ils béniront, et ils loueront le Seigneur des esprits, et ils diront :

« Béni soit le Seigneur des esprits, le Seigneur des rois, le Seigneur des puissants, le Seigneur des riches, le Seigneur de gloire et le Seigneur de sagesse ; il éclaire tout ce qui est secret. 3. Ta puissance (demeure) pour les générations des générations, et ta gloire pour les siècles des siècles. Tous tes secrets sont profonds et sans nombre, et ta justice est incommensurable. 4. Maintenant nous reconnaissons que nous devons louer et bénir le Seigneur des rois, et celui qui règne sur tous les rois. »

5. Et ils diront : « Qui nous donnera du repos pour (te) glorifier, et (te) rendre grâces, et (te) confesser en présence de ta gloire ? 6. Maintenant nous soupirons après un peu de repos, et nous n'en trouvons pas; nous sommes chassés et nous ne possédons (rien) ; la lumière s'est évanouie devant nous, et les ténèbres sont notre demeure pour les siècles des siècles. 7. Car devant lui nous n'avons pas confessé et nous n'avons pas loué le nom du Seigneur des esprits, et nous n'avons pas loué notre Seigneur, mais notre espérance a été dans la verge de notre commandement et dans notre gloire. 8. Aussi dans le jour de notre affliction et de notre tribulation, il ne nous a pas sauvés, et nous ne trouvons pas de repos pour confesser que notre Seigneur est fidèle en toutes ses œuvres, et (dans) son jugement, et (dans) sa justice, et que son jugement ne fait acception de personne.

9. Nous passons loin de sa face à cause de nos actions, et tous nos péchés ont été comptés avec justice. »

10. Puis ils leur diront (aux anges du châtiment) : « Notre âme est rassasiée des biens de l'iniquité, mais ils ne nous empêchent pas de descendre de leur sein dans les souffrances du scheol. »

11. Et après cela leur face sera remplie d'obscurité et de confusion devant ce Fils de l'homme, et ils seront chassés de devant sa face, et le glaive demeurera devant sa face au milieu d'eux.

12. Ainsi dit le Seigneur des esprits : « Tel est le sort et le châtiment des puissants, et des rois, et des grands, et de ceux qui possèdent l'aride, devant le Seigneur des esprits. »

CHAPITRE LXIV

Lieu du châtiment des mauvais anges.

1. Puis je vis d'autres faces cachées en ce lieu. 2. J'entendis la voix d'un ange, disant : « Ceux-ci sont les anges qui descendirent sur la terre, et qui révélèrent aux enfants des hommes ce qui est secret, et qui apprirent aux enfants des hommes à commettre le péché. »

CHAPITRE LXV

Hénoch prédit à Noé le châtiment des autres hommes et sa préservation.

[1. En ces jours, Noé vit que la terre chancelait et que sa destruction était proche. 2. Et il partit de là et se rendit aux extrémités de la terre, et il cria à son grand-père Hénoch, et Noé dit trois fois d'une voix triste : « Écoute-moi, écoute-moi, écoute-moi. »

3. Et je lui dis : « Dis-moi qu'est-ce qui se passe sur la terre pour que la terre soit ainsi en travail et soit secouée ? Peut-être moi aussi périrai-je avec elle. »

4. Après cela il y eut une grande secousse sur la terre, puis une voix se fit entendre du ciel, et je tombai sur ma face. 5. Et Hénoch mon grand-père vint, se tint près de moi et me dit : « Pourquoi as-tu poussé vers moi un cri de tristesse et des lamentations ? »

6. Puis un ordre sortit de devant la face du Seigneur au sujet de ceux qui habitent l'aride, afin que s'accomplisse leur ruine, car ils ont connu tous les secrets des anges, et toute la violence des satans, et tous leurs pouvoirs secrets, et tous les pouvoirs de ceux qui font des maléfices , et le pouvoir des sortilèges, et le pouvoir de ceux qui fondent les ouvrages en métal de toute la terre, 7. et comment l'argent est produit par la poussière de la terre, et comment se fait le métal fondu sur la terre. 8. Car le plomb et l'étain ne sont pas produits par la terre comme le premier (l'argent) : c'est

une source qui les produit, et un ange s'y tient, et cet ange est prééminent.

9. Après cela mon grand-père Hénoch me prit par la main, et il me releva et me dit : « Va, car j'ai interrogé le Seigneur des esprits au sujet de cette secousse sur la terre. »

10. Et il m'a dit : « C'est à cause de leur iniquité que s'accomplit leur châtiment, et il ne sera pas tenu compte en ma présence des mois (dans) lesquels ils ont cherché à apprendre que la terre sera détruite avec ceux qui l'habitent. 11. Quant à ceux-ci (les anges), il n'y aura jamais de conversion pour eux, car ils leur ont montré (aux hommes) ce qui est secret, et ils sont ceux qui ont été condamnés. Mais quant à toi, mon fils, le Seigneur des esprits sait que tu es pur et indemne de ce reproche concernant les mystères. 12. Et il a affermi ton nom au milieu des saints, et il te préservera entre ceux qui habitent sur l'aride, et il affermira ta race dans la justice pour la royauté et pour de grands honneurs, et de ta race sortira une source de justes et de saints, et ils seront à jamais innombrables. »

CHAPITRE LXVI

Les anges du châtiment se préparent à délier les puissances de l'eau.

1. Et après cela il me montra les anges du châtiment, qui étaient prêts à venir délier toutes les puissances de l'eau qui est au-dessous de la terre, pour qu'elle serve au châtiment et à la destruction de tous ceux qui demeurent et habitent sur l'aride. 2. Et le Seigneur des esprits commanda aux anges qui sortaient de ne pas élever les mains, mais de veiller, car ces anges étaient (préposés) à la puissance des eaux.

3. Et je sortis de devant la face d'Hénoch.

CHAPITRE LXVII

Promesses de Dieu à Noé. — Les fleuves de feu où sont châtiés les mauvais anges et où seront punis un jour les rois et les puissants.

1. En ces jours, la parole du Seigneur de l'Univers me fut (adressée), et il me dit : « Noé, ton sort est monté près de moi, un sort dans lequel il n'y a pas de reproche , un sort d'amour et d'équité. 2. Et maintenant les anges vont travailler des bois, et quand les anges auront achevé cette (œuvre), j'étendrai ma main sur elle, et je la garderai et la race de vie sortira d'elle, et il y aura un changement afin que la terre ne demeure pas vide. 3. Et j'affermirai ta race devant moi pour les siècles des siècles, mais je disperserai ceux qui habitent avec toi, je n'éprouverai pas (ta race) sur la face de l'aride, et elle sera bénie, et elle se multipliera devant l'aride au nom du Seigneur. »

4. Et il enfermera les anges qui ont montré l'iniquité, dans cette vallée brûlante que m'avait d'abord montrée mon grand-père Hénoch, à l'occident, auprès des montagnes d'or, d'argent, de fer, de métal fondu et d'étain. 5. Et je vis cette vallée où il y avait une grande perturbation, et une perturbation des eaux. 6. Et quand tout cela fut accompli, de ce « métal fondu » de feu et de l'agitation qui les agitait (les eaux) en ce lieu s'exhala une odeur de soufre, et elle se mêla avec ces eaux, et cette vallée où (étaient) les anges qui avaient séduit (les hommes) brûle au-dessous de cette terre. 7. Et de ses vallées sortent des fleuves de feu où sont châtiés ces anges qui ont séduit ceux qui habitent sur l'aride.

8. Ces eaux serviront en ces jours aux rois, et aux puissants, et aux grands, et à ceux qui habitent sur l'aride, pour la guérison de la chair et pour le châtiment de l'esprit ; mais leur esprit est plein de volupté, de sorte que leur chair sera châtiée, parce qu'ils ont renié le Seigneur des esprits ; et ils voient leur châtiment de chaque jour sans confesser son nom. 9. Plus leur chair est brûlée avec intensité, plus il se produit de changement dans (leur) esprit pour les siècles des siècles, [car il n'y a personne devant le Seigneur des esprits qui profère une parole vaine.] 10. Car le jugement viendra sur eux, parce qu'ils croient à la volupté de leur chair, et qu'ils renient l'Esprit du Seigneur.

11. En ces jours, il y a dans ces mêmes eaux un changement, car lorsque ces anges sont châtiés dans ces eaux la chaleur de ces sources d'eau est changée, et quand

les anges montent cette eau des sources est (encore) changée, et elle se refroidit. 12. Et j'entendis Michaël prendre là parole et dire : « Ce châtiment dont sont châtiés les anges, est un témoignage pour les rois et pour les puissants qui possèdent l'aride. 13. Car ces eaux de châtiment sont pour la guérison de la chair des rois et pour la volupté de leur chair, mais ils ne voient pas et ils ne croient pas que ces eaux seront changées et deviendront un feu brûlant à jamais. »

CHAPITRE LXVIII

Michaël et Raphaél s'étonnent de la sévérité du châtiment des anges.

1. Après cela, mon grand-père Hénoch me donna l'explication de tous les secrets dans un livre, et (aussi) les paraboles qui lui avaient été données, et il les réunit pour moi dans les paroles du livre des paraboles.

2. Et ce jour-là Michaël prit la parole pour dire à Raphaël : « La puissance de l'Esprit me transporte et m'irrite au sujet de la sévérité du châtiment des secrets, du châtiment < des anges > : quel est celui qui pourra supporter le châtiment rigoureux qui a été exercé, et devant lequel ils fondent ? »

3. Et Michaël prit de nouveau la parole et dit à RaphaoP : « Quel est celui dont le cœur ne serait pas touché à son sujet (du châtiment) et dont les reins ne seraient pas troublés par cette parole de châtiment (qui) a été proférée contre ceux d'entre eux qu'on a chassés ainsi ? »

4. Et il arriva, lorsque Michaël se tenait devant le Seigneur des esprits, qu'il dit à Raphaël : « Je ne serai (pourtant) pas pour eux aux yeux du Seigneur, car le Seigneur des esprits est irrité contre eux, parce qu'ils agissent comme s'ils étaient le Seigneur. 5. C'est pourquoi tout ce qui est secret viendra contre eux pour les siècles des siècles ; car ni ange, ni homme ne recevra sa part, mais eux seuls ont reçu leur châtiment pour les siècles des siècles. »

CHAPITRE LXIX

Les noms et les rôles des mauvais anges. — Le serment mystérieux qu'ils ont révélé.

1. Et après ce jugement on les épouvantera et on les exaspérera, parce qu'ils ont montré cela à ceux qui habitent sur l'aride.

2. Et voici les noms de ces anges, et tels sont leurs noms : le premier d'entre eux est Semyaza, le second Arstiqifa, le troisième Armên, le quatrième Kôkabel, le cinquième Touriel, le sixième Rumyal, le septième Daniel, le huitième

Neqel, le neuvième Baraqiel, le dixième Azazel, le onzième Armaros, le douzième Bataryal, le treizième Basasaël, le quatorzième Hananel, le quinzième Touriel, le seizième Simapisiel, le dix-septième Yetariel, le dix-huitième Tumaël, le dix-neuvième Tariel, le vingtième Rumael, le vingt et unième Azazel.

3. Et ceux-ci sont les chefs de leurs anges, et les noms de leurs chefs de centaines, de leurs chefs de cinquantaines et de leurs chefs de dizaines. 4. Le nom du premier est Yeqon : c'est celui qui séduisit tous les fils des anges et les fit descendre sur la terre, et il les séduisit par les filles des hommes. 5. Le nom du second est Asbeel : celui-ci donna un mauvais conseil aux fils des anges [saints] : il les entraîna à souiller leur chair avec les filles des hommes. 6. Le nom du troisième est Gadriel : c'est celui qui montra toutes les plaies de mort aux fils des hommes, c'est lui qui séduisit Ève, et c'est lui qui montra les plaies de mort aux fils des hommes, et le bouclier et la cuirasse et l'épée pour le combat, et tous les instruments de mort aux fils des hommes. 7. De sa main ils sont sortis contre ceux qui habitent sur l'aride, depuis ce jour et jusque dans les siècles des siècles. 8. Le nom du quatrième est Penemu'e : celui-ci montra aux fils des hommes l'amer et le doux, et il leur montra tous les secrets de leur sagesse (des anges). 9. C'est lui qui apprit aux hommes à écrire avec l'eau de suie (l'encre) et le papyrus, et ils sont nombreux ceux qui ont erré à cause de cela depuis l'éternité jusqu'à l'éternité et jus- qu'à ce jour. 10. Car les hommes n'ont pas été mis au

monde pour affirmer ainsi leur fidélité avec le calame et l'eau de suie. 11. Car les hommes n'ont pas été créés autrement que les anges, (mais) pour demeurer justes et purs, et la mort qui corrompt tout ne les aurait pas atteints ; mais à cause de cette connaissance qui est la leur ils périssent, et à cause de cette puissance elle (la mort) me dévore.

12. Le nom du cinquième est Kasdeya'e 2 : c'est celui qui montra aux fils des hommes toutes les plaies mauvaises des esprits et des démons, et la plaie de l'embryon dans le sein pour qu'il tombe, et la plaie de la vie, la morsure du serpent et la plaie qui arrive à midi, le fils du serpent dont le nom est Taba'et.

13. Et ceci est le nombre de Kasbeel, qui montrait aux saints la tête du serment, quand il demeurait en haut dans la gloire, et son nom est Beqa. 14. Celui-ci (Kasbeel) demanda à Michaël de lui montrer le nom secret pour qu'il le mentionne dans le serment, pour que ceux qui ont montré aux fils des hommes tout ce qui est secret tremblent devant ce nom et ce serment.

15. Et voici la puissance de ce serment : il est fort et puissant, et il (Dieu) avait déposé ce serment, Aka'e, dans la main de Michaël.

16. Et voici les secrets de ce serment ... et il est fort dans son serment. Et par lui le ciel fut suspendu avant que le monde fût créé, et jusqu'à l'éternité. 17. Et la terre a été fondée sur Teau, et des secrètes (profondeurs) des

montagnes viennent de belles eaux, depuis la création du monde jusqu'à l'éternité.

18. Et par ce serment, la mer a été créée, et pour son fondement au temps de la colère il lui a donné du sable, et elle ne franchit pas (ses limites) depuis la création du monde jusqu'à l'éternité.

19. Et par ce serment, les abîmes ont été affermis, et ils sont stables, et ils ne changent pas de place depuis l'éternité jusqu'à l'éternité.

20. Et par ce serment, le soleil et la lune accomplissent leur course, et ils ne transgressent pas leurs lois depuis l'éternité jusqu'à l'éternité.

21. Et par ce serment, les étoiles accomplissent leur course, et il les appelle par leur nom, et elles lui répondent depuis l'éternité jusqu'à l'éternité.

22. Et de même (il appelle) les esprits de l'eau, des vents et de tous les souffles, et leurs voies entre toutes les troupes des esprits.

23. [Et là sont gardées la voix du tonnerre et la lumière de l'éclair, et là sont gardés les réservoirs de la grêle, et les réservoirs de la gelée, et les réservoirs du brouillard, et les réservoirs de la pluie et de la rosée.]

24. Tous ceux-là sont fidèles et rendent grâces devant le Seigneur des esprits, et ils (le) louent de toutes leurs forces, et leur nourriture est dans toute action de grâces, et ils rendent grâces, et ils louent et exaltent le nom du Seigneur des esprits pour les siècles des siècles.

25. Sur eux (les esprits) est affermi ce serment, ils sont gardés par lui ; leurs chemins sont gardés, et leurs voies ne se corrompront pas.]

26. Et ils ont ressenti une grande joie, et ils ont béni, et loué, et exalté (le Seigneur) parce que leur avait été révélé le nom de ce Fils de l'homme. 27. Il s'est assis sur le trône de sa gloire, et la somme du jugement a été donnée au Fils de l'homme, et il éloignera et il détruira les pécheurs de devant la face de la terre et (aussi) ceux qui ont séduit le monde. 28. Ils seront attachés avec des chaînes, et dans le lieu où ils auront été réunis pour la destruction ils seront enfermés, et toutes leurs œuvres disparaîtront de la face de la terre. 29. Et dès lors il n'y aura rien de corruptible, car ce Fils de l'homme a apparu et s'est assis sur le trône de sa gloire, et tout mal s'éloignera et s'en ira de devant sa face ; mais la parole de ce Fils de l'homme restera devant le Seigneur des esprits.

Telle est la troisième parabole d'Hénoch.

CHAPITRE LXX

Assomption d'Hénoch.

[1. Il arriva ensuite que son nom (d'Hénoch) fut élevé, de son vivant, auprès de ce Fils de l'homme et auprès du Seigneur des esprits, loin de ceux qui habitent sur l'aride. 2.

Il fut élevé sur le char du vent, et le nom (d'Hénoch) disparut du milieu d'eux (de ceux qui habitent sur l'aride).

3. Depuis ce jour je ne fus plus compté au milieu d'eux, et il (Dieu) me fit asseoir entre deux régions, entre le nord et l'occident, là où les anges avaient pris des cordes afin de mesurer pour moi le séjour des élus et des justes. 4. Et là je vis les premiers pères et les saints qui depuis l'éternité demeurent en ce lieu.]

CHAPITRE LXXI

Hénoch est admis à contempler les secrets et les splendeurs des cieux. — Promesses de la Tête des Jours.

[1 . Il arriva ensuite que mon âme fut cachée, et elle monta dans les cieux, et je vis les fils des anges saints marcher sur des flammes de feu ; leurs vêtements étaient blancs ainsi que leur tunique, et leur face resplendissante comme du cristal. 2. Et je vis deux fleuves de feu ; la lumière de ce feu brillait comme l'hyacinthe, et je tombai sur ma face devant le Seigneur des esprits.

3. L'ange Michaêl, un des chefs des anges, me prit la main droite, et il me releva et me conduisit là où sont tous les secrets, et il me montra tous les secrets de miséricorde, et il me montra tous les secrets de justice, 4. et il me montra tous les secrets des extrémités du ciel, et tous les réservoirs

des étoiles et de toutes les lumières, d'où elles se lèvent en présence des saints. 5. Et il cacha mon esprit, et moi, Hénoch, (je fus) dans le ciel des cieux, et je vis là au milieu de cette lumière, comme une maison qui était bâtie en blocs de glace, et parmi ces blocs (il y avait) des langues de feu vivant. 6. Et mon esprit vit un cercle qui entourait de feu cette maison, depuis ses quatre coins jusqu'à ces fleuves pleins de feu vivant qui entouraient cette maison. 7. Et (il y avait) autour d'elle les Séraphins et les Chérubins et les Ophanim : ce sont ceux qui ne dorment pas et qui gardent le trône de sa gloire (du Seigneur).

8. Je vis des anges innombrables, des milliers de milliers et des myriades de myriades, entourer cette maison, et Michaël, et Raphaël, et Gabriel, et Phanuel, et les anges saints qui sont au haut des cieux entraient dans cette maison et en sortaient. 9. Ils sortirent donc de cette maison, Michaël, et Gabriel, et Raphaël, et Phanuel, et une multitude d'anges saints, innombrables. 10. Et avec eux (était) la Tête des jours ; sa tête était blanche et pure comme la laine, ainsi que ses vêtements qui étaient indescriptibles.

11. Je tombai sur ma face, et tout mon corps fondit, et mon âme fut changée, et je criai à haute voix d'un souffle puissant, et je bénis, et je louai, et j'exaltai (le Seigneur). 12. Et ces bénédictions qui sortirent de ma bouche furent (trouvées) agréables devant cette Tête des jours. 13. Et cette Tête des jours vint avec Michaël et Gabriel, Raphaël et Phanuel, et des milliers et des myriades d'anges innombrables. 14. Et elle vint à moi, et elle me salua de la

voix et me dit : « Toi, tu es le fils de l'homme qui a été engendré pour la justice, et la justice demeure sur toi, et la justice de la Tête des jours ne t'abandonnera pas. »

15. Et elle me dit : « Il (Dieu) appellera sur toi la paix au nom du siècle à venir, car de là est sortie la paix depuis la création du monde, et ainsi elle sera sur toi à jamais et pour les siècles des siècles. 16. Et toute (paix) marchera sur ta voie tandis que la justice ne t'abandonnera jamais ; avec toi sera leur demeure et avec toi leur part, et de toi elles ne seront pas séparées, à jamais et pour les siècles des siècles. 17. Et il se passera ainsi de longs jours avec ce Fils de l'homme, et la paix sera aux justes, et la voie droite aux justes, au nom du Seigneur des esprits pour les siècles des siècles. »]

IIIe PARTIE
LIVRE DU CHANGEMENT DES LUMINAIRES DU CIEL
(Chap. LXXII-LXXXII)

CHAPITRE LXXII

La loi du soleil.

1. Livre du changement des luminaires du ciel, chacun comme ils sont selon leurs genres, chacun selon leur puissance et selon leur temps, chacun selon leur nom et le lieu de leur naissance, et selon leurs mois ; que me fit voir Uriel, l'ange saint qui était avec moi, qui est leur guide ; et il me fit voir tout leur écrit comme il est, selon toutes les années du monde et jusqu'à l'éternité, jusqu'à ce que soit faite l'œuvre nouvelle qui restera jusqu'à l'éternité.

2. Voici la première loi des luminaires : le luminaire soleil : son lever est aux portes du ciel qui sont du côté de l'orient, et son coucher est aux portes du ciel qui sont à l'occident. 3. Et j'ai vu six portes qui sont là où le soleil se lève et six portes qui sont là où le soleil se couche ; et la lune se lève et se couche par ces portes ainsi que les guides des étoiles avec ceux qui les conduisent. Il y a six (portes) à l'orient et six à l'occident, et toutes sont l'une après l'autre en bon ordre, et de nombreuses fenêtres sont à droite et à gauche de ces portes.

4. Le plus grand luminaire, dont le nom est soleil, se lève le premier, et son orbite est commet l'orbite du ciel, et il est tout rempli d'un feu qui éclaire et qui embrase. 5. Le vent souffle sur le char où il monte, et le soleil se couche (en disparaissant) du ciel et il revient vers le nord pour aller à l'orient, et il est conduit de manière à entrer par la porte (qui lui est assignée) et à briller (de nouveau) sur la face des cieux. 6. Ainsi il se lève dans le premier mois par la grande porte ; et il se lève par la quatrième de ces six portes qui

sont à l'orient. 7. A cette quatrième porte d'où sort le soleil pendant le premier mois sont douze fenêtres ouvertes, d'où sort une flamme quand elles s'ouvrent en leur temps.

8. Lorsque le soleil se lève dans le ciel, il sort par cette quatrième porte pendant trente matins, et par la quatrième porte à l'ouest du ciel, il descend régulièrement. 9. Et en ce temps, le jour est plus long que le jour (précédent), et la nuit est plus courte que la nuit (précédente) pendant trente matins. 10. En ce temps, il est plus long que la nuit de 2/9 de jour ; et le jour est exactement de dix parties (= neuvièmes), et la nuit est exactement de huit parties.

11. Et le soleil se lève par cette quatrième porte et il se couche par la quatrième, et il revient dans la cinquième porte à l'orient pendant trente matins, et il se lève par cette porte et il se couche dans la cinquième porte. 12. Et alors le jour est plus long de deux parties, et le jour est de onze parties ; la nuit est plus courte et elle est de sept parties.

13. Et il revient à l'orient et il entre dans la sixième porte, et il se lève et il se couche par la sixième porte pendant trente et un matins, à cause de son signe. 14. Et en ce temps le jour est plus long que la nuit, et le jour est le double de la nuit, et le jour est de douze parties ; et la nuit est plus courte, et elle est de six parties.

15. Et le soleil s'élève de sorte que le jour devient plus court, et la nuit plus longue ; et le soleil revient à l'orient et il entre dans la sixième porte et par elle il se lève et il se couche pendant trente matins. 16. Et lorsque les trente matins sont accomplis, le jour diminue d'une partie

exactement, et le jour est de onze parties et la nuit de sept parties.

17. Et le soleil sort de l'occident par cette sixième porte, et il va à l'orient, et il se lève par la cinquième porte pendant trente matins et il se couche à l'occident de nouveau par la cinquième porte de l'occident (*sic*), 18. A cette époque, le jour diminue de deux parties et le jour est de dix parties et la nuit de huit parties.

19. Et le soleil se lève par cette cinquième porte et il se couche par la cinquième porte de l'occident, et il se lève par la quatrième porte à cause de son signe, pendant trente et un matins, et il se couche à l'occident. 20. A cette époque le jour est égal à la nuit et (lui) devient égal, et la nuit est de neuf parties, et le jour de neuf parties.

21. Et le soleil se lève par cette porte et il se couche à l'occident, et il revient à l'orient, et il se lève par la troisième porte pendant trente matins, et il se couche à l'occident par la troisième porte. 22. Et à cette époque, la nuit est plus longue que le jour, et la nuit est plus longue que la nuit (précédente), et le jour est plus court que le jour (précédent) jusqu'au trentième matin, et la nuit est de dix parties exactement, et le jour de huit parties.

23. Et le soleil se lève par cette troisième porte et il se couche par la troisième porte à l'occident ; et il revient à l'orient, et le soleil se lève par la deuxième porte à l'orient pendant trente matins, et de même il se couche par la deuxième porte à l'occident du ciel. 24. Et à cette époque, la nuit est de onze parties, et le jour de sept parties.

25. Et le soleil se lève à cette époque par cette deuxième porte, et il se couche à l'occident par la deuxième porte, et il revient à l'orient par la première porte pendant trente et un matins, et il se couche par la première porte à l'occident du ciel. 26. Et en ce temps, la nuit devient plus longue et elle est de deux fois le jour, et la nuit est de douze parties exactement, et le jour de six parties.

27. Et le soleil a accompli (le parcours de) ses sections, et de nouveau il tourne sur ces sections et il entre dans toutes ses portes pendant trente matins, et il se couche à l'occident dans les régions correspondantes. 28. Et à cette époque la nuit diminue dans sa longueur d un neuvième, [c'est-à-dire d'une partie,] et la nuit est de onze parties et le jour de sept parties.

29. Et le soleil est revenu et il est entré dans la deuxième porte à l'orient, et il revient sur ces sections : pendant trente matins il se lève et il se couche. 30. Et en ce temps-là, la nuit diminue de longueur, et la nuit est de dix parties, et le jour est de huit parties.

31. En ce temps-là, le soleil se lève par cette deuxième porte et il se couche à l'occident et il revient à l'orient, et il se lève par la troisième porte pendant trente et un matins, et il se couche à l'occident du ciel. 32. Et en ce temps-là, la nuit diminue et elle est de neuf parties et le jour est de neuf parties, et la nuit est égale au jour et l'année est exactement de trois cent soixante-quatre jours.

33. La longueur du jour et de la nuit et la brièveté du jour et de la nuit sont différenciées (litt. : séparées) par la course

du soleil. 34. C'est pour cela que sa course est plus longue de jour en jour, et plus courte de nuit en nuit.

35. Et voilà la loi et la course du soleil et son retour, lorsque soixante fois il revient et il se lève, ce grand luminaire qui s'appelle le soleil pour les siècles des siècles. 36. Et ce qui se lève, c'est le grand luminaire ; et il est nommé selon sa propre apparence, comme Tl'a ordonné le Seigneur. 37. Comme il se lève, ainsi il se couche, et il ne diminue ni ne se repose, mais il court le jour et la nuit, et sa lumière brille sept fois plus que celle de la lune, mais les dimensions des deux sont égales.

CHAPITRE LXXIII

Première loi de la lune : ses phases.

1. Après cette loi j'ai vu une seconde loi, (celle) du petit luminaire dont le nom est lune. 2. Son orbite est comme l'orbite du ciel, et le vent souffle sur le char sur lequel elle monte, et avec mesure la lumière lui est donnée. 3. Et pendant tout le mois son lever et son coucher changent, et ses jours sont comme les jours du soleil, et lorsque sa lumière devient égale (c'est-à-dire complète), elle est la septième partie de la lumière du soleil. 4. Et ainsi elle se lève : sa tête (son premier quartier) se lève du côté de l'orient le trentième jour, et à cette époque elle apparaît et elle vous est le principe du mois le trentième jour, avec le

soleil, par la porte où se lève le soleil. 5. Et sa moitié est visible (?) sur un septième, et tout (le reste de) son disque est vide, sans lumière, sauf la septième partie (de la moitié), le quatorzième de (toute) sa lumière.

6. Et au temps où elle prend un septième et demi de sa lumière, sa lumière est la treizième partie et demie (du tout).

7. Elle se couche avec le soleil, et lorsque le soleil se lève la lune se lève avec lui, et elle prend une demi-part de lumière, et en cette nuit, au commencement de son matin, au commencement du jour lunaire, la lune se couche avec le soleil et elle est dans l'obscurité pendant cette nuit dans treize parties et demie. 8. Et elle brille à cette époque d'un septième (de la moitié) exactement, et elle se lève et elle s'inncline à l'orient du soleil, et elle brille pendant le reste de ses jours dans les treize (autres) parties.

CHAPITRE LXXIV

Seconde loi de la lune : l'année lunaire.

1. J'ai vu une seconde course et une (autre) loi : par cette loi elle accomplit la course des mois. 2. Et tout cela me fit voir Uriel, l'ange saint qui est leur guide à tous, et j'ai décrit leur position comme il me l'a montré, et j'ai décrit

leurs mois, comme ils sont, et l'aspect de leur lumière jusqu'à ce que soit accompli le quinzième jour.

2. Par septièmes, elle accomplit toute sa lumière à l'orient; et par septièmes, elle accomplit toute son obscurité à l'occident. 4. Et dans des mois déterminés, elle change son coucher ; et dans des mois déterminés, elle accomplit chacune de ses courses. 5. Pendant deux mois, elle se couche avec le soleil par ces deux portes qui sont au milieu, par la troisième et la quatrième porte. 6. Elle se lève pendant sept jours, et elle tourne et elle revient de nouveau par la porte par où se lève le soleil ; et (alors) elle accomplit toute sa lumière (pleine lune) ; puis elle s'éloigne du soleil, et elle entre pendant huit jours par la sixième porte où se lève le soleil.

7. Et lorsque le soleil se lève par la quatrième porte, elle se lève pendant sept jours (par la même porte) jusqu'à ce qu'elle se lève par la cinquième, et de nouveau elle revient pendant sept jours par la quatrième porte et elle accomplit toute sa lumière (pleine lune), et elle s'éloigne et elle entre par la première porte pendant huit jours. 8. Et de nouveau elle revient pendant sept jours par la quatrième porte par laquelle se lève le soleil. 9. Ainsi j'ai vu leur position, comment les lunes se lèvent et le soleil se couche.

10. En ces jours, on additionne cinq années, et il y a trente jours d'excédent pour le soleil ; et tous les jours que compte une de ces cinq années, quand elles sont complètes, sont trois cent soixante-quatre jours. 11. Et vient l'excédent du soleil et des étoiles (qui est) de six jours ; pour cinq

années, (ces) six arrivent à (faire) trente jours ; (le cours de) la lune est donc inférieur de trente jours à (celui) du soleil et des étoiles. 12. Et la lune amène toutes les années exactes selon leur position pour l'éternité ; elles n'avancent ni ne retardent d'un jour, mais elles (les lunes) changent l'année avec une rectitude absolue tous les trois cent soixante-quatre jours. 13. (Il y a donc) pour trois années (solaires) mille quatre-vingt- douze jours, et pour cinq ans mille huit cent vingt jours, en sorte qu'il j a pour huit ans deux mille neuf cent douze jours.

14a. Pour la lune seule, ses jours arrivent en trois années (lunaires) à mille soixante-deux jours, et en cinq ans elle est moindre de cinquante jours. **15**. Et elle est pour cinq ans de dix-sept cent soixante-dix jours, de sorte qu'il j a pour la lune pendant huit ans deux mille huit cent trente-deux jours. **14b**. [Car à sa sortie (= au total des jours de cinq ans) on ajoute < mille > soixante-deux jours.] **16**. [Car il manque pour huit ans quatre-vingts jours ;] tous les jours qui manquent pour huit ans sont quatre-vingts. **17**. Et l'année s'accomplit régulièrement selon la position de leur monde (des lunes), et la position du soleil, qui se lèvent (le soleil et la lune) aux portes par lesquelles il (le soleil) se lève et se couche pendant trente jours.

CHAPITRE LXXV

Les jours intercalaires. — L'ange Uriel préposé aux astres. Les portes du soleil.

1. Les chefs des princes des mille qui sont préposés à toute créature et à toutes les étoiles, avec les quatre (jours) qui sont ajoutés ne sont pas distincts de leur œuvre, conformément à la supputation de l'année, et ils servent pendant quatre jours qui ne sont pas comptés dans la supputation de l'année. 2. Et à cause d'eux les hommes errent à leur sujet, car ces lumières servent exactement les stations du monde, une à la première porte et une à la troisième porte, une à la quatrième porte et une à la sixième porte, et l'harmonie du monde s'accomplit en trois cent soixante-quatre stations du monde. 3. Car les signes, les temps, les années et les jours me fit voir Uriel, l'ange que le Seigneur de gloire a préposé au monde sur toutes les lumières du ciel, dans le ciel et dans le monde, pour que le soleil, la lune et les étoiles et toutes les créatures serves qui tournent sur tous les chars du ciel, régnent à la face du ciel et soient vus sur la terre et soient les guides du jour et de la nuit.

4. Uriel me fit voir également douze portes ouvertes dans l'orbite du char du soleil dans les cieux ; par elles sortent les rayons du soleil, et par elles se répand la chaleur sur la terre lorsqu'elles sont ouvertes dans les temps qui leur sont fixés. 5. [Et (elles, servent aussi) aux vents et à l'esprit de la rosée, quand elles sont ouvertes, ouvertes dans les cieux, aux extrémités.] 6. Douze portes j^'ai vues^dans les cieux

aux confins de la terre : d'elles sortent le soleil, la lune et les étoiles et toute œuvre du ciel à l'orient et à l'occident. 7. Et il y a de nombreuses fenêtres ouvertes à droite et à gauche, et chaque fenêtre répand la chaleur en son temps ; elles répondent à ces portes par lesquelles se lèvent les étoiles comme il (Dieu) leur a ordonné, et par lesquelles elles se couchent selon leur nombre. 8. Et j'ai vu dans les cieux des chars qui parcourent le monde au-dessus de ces portes ; dans ces (chars) tournent les étoiles qui ne se couchent pas. 9. Et il en est un plus grand que tous, c'est celui qui fait le tour du monde entier.

CHAPITRE LXXVI

Les douze vents et leurs portes.

1. Aux confins de la terre, j'ai vu douze portes ouvertes pour tous les vents ; c'est d'elles que sortent les vents et qu'ils soufflent sur la terre. 2. Trois d'entre elles sont ouvertes sur la face du ciel et trois à l'ouest ; trois à droite du ciel et trois à gauche. 3. Et les trois premières sont celles qui sont du côté de l'orient, et il y en a trois au midi, et les trois suivantes sont celles qui sont à gauche du côté du nord, et il y en a trois au couchant. 4. Par quatre d'entre elles sortent des vents de bénédiction et de salut, et par les huit (autres) sortent des vents de châtiment ; lorsqu'ils sont envoyés, ils apportent la ruine à toute la terre, et à Teau qui

est sur elle, et à tous ceux qui l'habitent et à tous ceux qui sont dans l'eau et sur l'aride. 5. Le premier vent, dont le nom est l'oriental, sort de ces portes, par la première porte qui est du côté de l'orient et (qui) s'incline vers le midi ; par elle sortent la désolation de l'aride, et la chaleur, et la ruine. 6. Et par la deuxième porte, celle du milieu, sort le bien (?), et par elle sortent la pluie, et le fruit, et le salut, et la rosée. Et par la troisième porte, du côté du nord, sortent le froid et le sec. 7. Et après ceux-ci, sortent les vents du côté du midi par trois portes : le premier, par la première de ces portes qui s'incline du côté de l'orient, sort en vent de chaleur. 8. Et par la porte du milieu qui est auprès, sortent les bonnes odeurs, et la rosée, et la pluie, et le salut, et la vie. 9. Et par la troisième porte qui est du côté de l'occident, sortent la rosée, et la pluie, et les sauterelles, et la désolation.

10. Et après ceux-ci, (viennent) les vents du côté du nord, [dont le nom est mer, et celui qui sort] par la septième porte qui est à l'orient, [qui s'incline au midi ;] par elle viennent la rosée et la pluie, les sauterelles et la ruine. 11. Et de la porte droite du milieu sortent la vie, et la pluie, et la rosée, et le salut. Et par la troisième porte qui est à l'occident, [qui s'incline au nord J par elle sortent la nuée, et le givre, et la neige, et la pluie, et la rosée, et les sauterelles.

12. Après ceux-ci (viennent) les [quatre] vents qui sont à l'occident. Par la première porte qui est du côté du nord sortent la rosée, et la neige, et le froid, et le givre, et la fraîcheur. 13. Et par la porte du milieu sortent la rosée et la pluie, le salut et la bénédiction ; et par la dernière porte qui

est au midi sortent la sécheresse et la ruine, la chaleur et la perdition. 14. Et sont achevées les douze portes des quatre vents des cieux, et je t'ai montré toute leur loi, et tout leur châtiment, et tout leur salut, ô mon fils Mathusala.

CHAPITRE LXXVII

Les quatre régions de l'univers. — Les sept montagnes. Les sept fleuves. Les sept îles.

[1. On appelle la première région l'orientale, car elle est la première. On appelle la deuxième le midi, car le Très-Haut descend là, et l'éternellement béni descend surtout là. 2. La région du couchant, son nom est l'imparfaite, car là sont diminuées et descendent toutes les lumières du ciel. 3. La quatrième région, dont le nom est nord, se divise en trois parties : la première d'entre elles est l'habitation des hommes, la deuxième est dans les mers des eaux, et dans les abîmes, et dans les forêts, et dans les fleuves, et dans les ténèbres, et dans la nuée ; et la troisième partie est dans le jardin de justice.

4. J'ai vu sept hautes montagnes, plus hautes que toutes les montagnes qui sont sur la terre ; d'elles vient la gelée ; et les jours et le temps et l'année passent. 5. J'ai vu sept fleuves sur la terre, plus grands que tous les fleuves ; l'un d'eux vient de l'occident, dans la grande mer il déverse ses eaux. 6. Et les deux (autres) vont du nord jusqu'à la mer, et

ils déversent leurs eaux dans la mer Érythrée, à l'orient. 7. Et les quatre autres sortent du côté du nord jusqu'à leur mer : < deux jusqu'à > la mer Érythrée et deux dans la grande mer ; ils se déversent là — [d'aucuns disent : dans le désert]. 8. Sept grandes îles j'ai vues dans la mer et près de la terre ; deux près de la terre et cinq dans la grande mer.]

CHAPITRE LXXVIII

Le soleil et la lune.

1. Voici les noms du soleil : l'un est Oryarès et l'autre Tomas. 2. Et la lune a quatre noms : son premier nom est Asonya, et le deuxième Ebelâ, et le troisième Benâsé, et le quatrième Erâ'e. 3« Ce sont les deux grands luminaires ; leur orbite est comme l'orbite du ciel, et les proportions de leurs deux orbites sont égales.

4. Dans le disque du soleil il y a sept parties de lumière qui lui sont ajoutées de plus qu'à la lune ; et avec mesure elle (la lumière) est mise (dans la lune) jusqu'à ce que passe la septième partie du soleil. 5. Et (les deux luminaires) se couchent et entrent dans les portes de l'occident, et ils font le tour par le nord, et par les portes de l'orient ils se lèvent sur la face du ciel.

6. Et lorsque la lune se lève, elle apparaît dans le ciel, et elle a la moitié d'un septième de lumière, et en quatorze

(jours) elle accomplit toute sa lumière. 7. Et quinze parties de lumière sont mises en elle : en quinze jours, sa lumière s'accomplit selon le signe de l'année, et elle est de quinze parties, et la lune croit (litt. : se fait) par demi-septième. 8. Et dans sa décroissance, le premier jour elle décroît à quatorze parties de sa lumière ; et le deuxième, elle décroît à treize parties ; et le troisième, elle décroît à douze parties ; et le quatrième, elle décroît à onze parties ; et le cinquième, elle décroît à dix parties ; et le sixième, elle décroît à neuf parties ; et le septième, elle décroît à huit parties ; et le huitième, elle décroît à sept parties ; et le neuvième, elle décroît à six parties ; et le dixième, elle décroît à cinq parties ; et le onzième, elle décroit à quatre parties ; et le douzième, elle décroît à trois parties ; et le treizième, elle décroît à deux parties ; et le quatorzième, elle décroît au demi du septième de toute sa lumière ; et le quinzième est consommé ce qui restait du tout. 9. Et dans des mois déterminés, elle est de vingt-neuf jours au mois, et il en est auxquels elle est de vingt-huit jours.

10. Uriel me fit voir une autre loi : quand la lumière est placée dans la lune et de quel point elle est projetée par le soleil. 11. Tout le temps que la lune progresse (et marche), elle projette sa lumière devant le soleil ; en quatorze jours sa lumière est pleine, et lorsqu'elle est embrasée tout entière, sa lumière est pleine dans le ciel. 12. Le premier jour elle est appelée nouvelle lune, car en ce jour la lumière s'élève au-dessus d'elle. 13. Et elle est pleine exactement dans le temps où le soleil descend dans le couchant et où

elle monte de l'orient pendant la nuit, et la lune brille pendant toute la nuit jusqu'à ce que le soleil se lève en face d'elle et que la lune apparaisse en face du soleil. 14. Par où commence (litt. : sort) la lumière de la lune, par là elle décroît de nouveau jusqu'à ce que toute sa lumière soit consumée et que les jours du mois passent et que son disque soit vide, sans lumière. 15. Et pendant trois mois elle fait trente jours en son temps, et pendant trois mois elle agit par vingt-neuf jours ; c'est en ces jours qu'elle opère sa décroissance dans le premier temps et par la première porte en cent soixante-dix-sept jours. 16. Et au temps de son lever, pendant trois mois elle apparaît par trente jours, et pendant trois mois elle apparaît par vingt-neuf jours. 17. Dans la nuit elle apparaît pendant vingt jours comme un homme ; et dans le jour, comme le ciel ; car elle n'a rien autre chose que sa lumière.

CHAPITRE LXXIX

Résumé des lois des astres.

1. Et maintenant, mon fils, je t'ai tout montré, et la loi de toutes les étoiles des cieux est terminée.

2. Il m'a donc montré toutes leurs lois pour tous les jours, et pour tous les temps qui exercent le pouvoir, et pour toute l'année et pour sa fin, et pour les règles de tous les mois et toutes les semaines ; 3. et la décroissance de la lune qui se

fait par la sixième porte, car par cette sixième porte sa lumière se parfait, et par elle a lieu le commencement de la décroissance ; 4. < et la décroissance > qui se fait par la première porte en son temps, jusqu'à ce que s'accomplissent cent soixante-dix-sept jours, ou, selon la loi de la semaine, vingt-cinq (semaines) et deux jours ; 5. et (il m'a montré) que (la lune) retarde sur le soleil et selon la loi des étoiles de cinq jours en un temps exactement, et (il m'a montré) quand est parfait ce lieu que tu vois. 6. Telles sont la vision et l'image de toute lumière que m'a montrées Uriel, le grand ange qui est leur guide.

CHAPITRE LXXX

Prodiges des derniers jours. Châtiment des pécheurs.

1. En ces jours, Uriel, l'ange, m'adressa la parole et me dit : « Voici que je t'ai tout montré, ô Hénoch, et je t'ai tout révélé pour que tu voies ce soleil et cette lune, et ceux qui guident les étoiles des cieux et ceux qui les font tourner, leur œuvre et leur temps et leur lever.

2. « Aux jours des pécheurs les années seront abrégées, et leur semence se retardera sur leur terre et sur leurs champs ; et toute œuvre sur la terre sera changée et n'apparaîtra plus en son temps, et la pluie sera retenue, et le ciel (l') arrêtera. 3. Et en ce temps le fruit de la terre sera retardé, et il ne croîtra pas en son temps, et le fruit des arbres sera arrêté en

son temps. 4. ˙Et la lune changera sa loi et elle n'apparaîtra pas en son temps. 5. Et en ces jours apparaîtra dans le ciel et arrivera la stérilité sur le haut (litt. : à l'extrémité) d'un grand char à l'occident, et elle brillera extraordinairement, plus que (ne le veut) la loi de la lumière. 6. Et beaucoup erreront des chefs des étoiles de l'ordre, et ceux-ci changeront leurs voies et leur œuvre, et ils n'apparaîtront pas dans les temps qui leur sont prescrits. 7. Et toutes les lois des étoiles seront fermées pour les pécheurs, et les pensées de ceux qui vivent sur la terre erreront à leur sujet, et ils se détourneront de toutes leurs voies et ils erreront et ils les regarderont (les étoiles) comme des dieux. 8. Et le mal se multipliera contre eux et le châtiment viendra sur eux pour les anéantir tous.

CHAPITRE LXXXI

Les tablettes du ciel. — Mission d'Hénoch

[1. Et il me dit : « Regarde, Hénoch, les tablettes du ciel, et lis ce qui y est écrit et comprends tout distinctement 2. Et je regardai les tablettes du ciel et je lus tout ce qui était écrit et je compris tout, et je lus le livre de toutes les œuvres des hommes et de tous les enfants de chair qui sont sur la terre jusqu'aux générations éternelles. 3. Et aussitôt je bénis le Seigneur grand, le roi de gloire pour l'éternité, parce qu'il a fait toutes les créatures du monde, et je louai le Seigneur pour sa patience, et je le bénis pour les enfants d'Adam. 4. Et alors je dis : « Heureux l'homme qui meurt juste et bon, et contre lequel n'est écrit ni trouvé un livre d'injustice au jour du jugement. »

5. Et ces sept saints m'apportèrent et me déposèrent sur la terre devant la porte de ma maison, et ils me dirent : « Fais connaître tout à Mathusala ton fils, et apprends à tous ses enfants qu'aucun être de chair n'est juste devant le Seigneur, car il est leur créateur. 6. Nous te laisserons une année auprès de ton fils jusqu'à ce que tu reprennes des forces pour instruire tes fils et écrire pour eux et attester à tous tes enfants ; et dans la deuxième année on te retirera du milieu d'eux. Que ton cœur soit fort, car les bons apprendront la justice aux bons, le juste se réjouira avec les justes et ils se salueront entre eux. 8. Mais le pécheur mourra avec le pécheur, et l'apostat sera submergé avec l'apostat. 9. Et ceux qui accomplissent la justice mourront par l'œuvre des hommes et ils seront réunis par l'œuvre des méchants. »

10. Et en ces jours ils cessèrent de s'entretenir avec moi et j'entrai chez les miens en bénissant le Seigneur du monde.]

CHAPITRE LXXXII

Recommandations à Mathusala. — Les jours intercalaires. Les astres et leurs guides.

1. Maintenant, ô mon fils Mathusala, je te dis toutes ces choses et je (les) écris pour toi, et je t'ai tout révélé, et je t'ai donné les livres (qui retracent) toutes ces choses. Garde, ô mon fils, le livre de la main de ton père, et de même donne-le aux générations du monde. 2. Je t'ai donné la sagesse, à toi et à tes enfants et aux enfants que tu auras, pour qu'ils donnent à leurs enfants des générations (= à venir) cette sagesse au-dessus de leurs pensées. 8. Et ils ne dorment pas, ceux qui comprennent, mais ils prêtent l'oreille pour apprendre cette sagesse ; et elle est plus utile à ceux qui (en) mangent qu'une nourriture exquise.

4. Heureux tous les justes, heureux tous ceux qui marchent dans la voie de la justice et qui ne pèchent pas comme les pécheurs, dans le calcul de tous leurs jours, pendant lesquels le soleil marche dans les cieux, entre et sort par les portes pendant trente jours, avec les chefs des mille de l'ordre des étoiles, avec les quatre qui sont ajoutés, qui font la séparation entre les quatre parties de l'année, qui les guident et qui entrent avec elles dans les quatre jours (supplémentaires).

5. Sur eux les hommes errent et ils ne les comptent pas dans la supputation du temps entier, car les hommes errent à leur sujet et ils ne les connaissent pas exactement. 6. Car ils appartiennent à la computation de l'année, et ils sont réellement assignés pour l'éternité, un à la première porte, un à la troisième, un à la quatrième et un à la sixième ; et l'année est complète en trois cent soixante-quatre (jours).

7. Or vraie est sa parole (d'Uriel) et exacte sa supputation qui est inscrite ; car Uriel m'a montré les lumières, et les mois, et les fêtes, et les années, et les jours, et il a soufflé sur moi ce que lui a commandé pour moi le Seigneur de toute créature du monde touchant l'armée du ciel. 8. Et il a le pouvoir sur la nuit et sur le jour dans le ciel, pour faire briller la lumière sur les hommes : le soleil, et la lune, et les étoiles, et toutes les puissances des cieux qui tournent sur leur orbite. 9. Et telle est la loi des étoiles qui se couchent en leurs lieux, en leurs temps, en leurs fêtes et en leurs mois.

10. Et voici les noms de ceux qui les guident, de ceux qui veillent et entrent en leur temps, qui les guident en leurs places, et selon leurs lois, et à leurs époques, et dans leurs mois, et selon leur puissance et dans leurs stations. 11. Leurs quatre guides entrent d'abord, qui séparent les quatre parties de l'année, et ensuite les douze chefs des ordres qui séparent les mois ; et pour les trois cent soixante (jours), il y a les chefs des mille qui distinguent les jours ; et pour les quatre qui leur sont ajoutés, il y a ceux qui distinguent en qualité de guides les quatre parties de l'année. 12. Ces chefs des mille sont intercalés entre le guide et le guidé, chacun après une station, et leurs guides séparent (les stations). 18. Et voici les noms des guides qui séparent les quatre parties de l'année fixées : Melkiel, Élimelek, Mélêyal, et Nârel. 14. Et les noms de ceux qui les guident sont : Adnarel, Iyasusâel et Iyelumiel : ces trois sont ceux qui suivent les chefs des ordres, et il en est un qui vient derrière les trois

chefs des ordres qui suivent ces chefs des stations qui séparent les quatre parties de l'année.

15. En tête de l'année se lève le premier et règne Melkiel dont le nom est Tama'âni et soleil; et tous les jours qui sont en son pouvoir, sur lesquels il domine, sont (au nombre de) quatre-vingt-onze jours. 16. Et voici les signes des jours qui apparaissent sur la terre au temps de sa puissance : chaleur, embrasement et calme ; et tous les arbres portent des fruits, et les feuilles poussent sur tous les arbres ; et la moisson du froment, et la fleur de rose, et toutes les fleurs qui poussent dans les champs, et les arbres d'hiver se dessèchent. 17. Voici les noms des guides qui sont au-dessous de lui : Berkiel, Zalbesâel, et l'autre chef des mille qui est ajouté, par lequel se terminent les jours de leur pouvoir, a pour nom Héloyasêph.

18. L'autre guide qui vient après lui est Elimelek qu'on appelle « soleil brillant » , et tous les jours de sa lumière sont (au nombre de) quatre-vingt-onze jours. 19. Et voici les signes de (ces) jours sur la terre : chaleur et sécheresse, les arbres mûrissent leurs fruits et ils donnent tous leurs fruits mûrs et à point ; les brebis s'unissent et elles conçoivent, et on cueille tous les fruits de la terre et tout ce qu'il y a dans les champs et au pressoir du vin ; et cela a lieu dans les jours de sa puissance. 20. Et voici les noms et les ordres et les guides des chefs des mille : Gédâel, Kêel et Hêel ; et le nom du chef des mille qui leur est ajouté est Asfâel ; et les jours de leur puissance sont terminés.

IVe PARTIE
LIVRE DES SONGES
(Chap. LXXXIII-XC)

CHAPITRE LXXXIII

Premier songe d'Hénoch. Son grand-père Malaleel le lui explique.

1. Et maintenant donc, je vais te montrer, mon fils Mathusala, toutes les visions que j'ai vues, je vais les raconter devant toi. 2. Je vis deux visions avant de prendre femme, et l'une ne ressemblait pas à l'autre : la première quand j'apprenais à écrire, et la seconde avant de prendre ta mère ; je vis une vision terrible, et à leur sujet je suppliai le Seigneur.

3. J'étais couché dans la maison de Malaleel, mon grand-père ; je vis en vision le ciel abattu, enlevé et tombant sur la terre. 4. Et lorsqu'il tomba sur la terre, je vis la terre engloutie dans un grand abîme, les montagnes suspendues sur les montagnes, les collines s'abimant sur les collines, et de grands arbres séparés de leurs troncs, projetés et submergés dans Tabime. 5. Alors une parole tomba dans ma

bouche, et j'élevai (la voix) pour crier, et je dis : « La terre est détruite. »

6. Alors Malaleel, mon grand-père, m'éveilla, comme j'étais couché près de lui, et me dit : « Pourquoi cries-tu ainsi, mon fils, et pourquoi gémis-tu de la sorte ? »

7. Alors je lui racontai toute la vision que j'avais vue, et il me dit : « De même que tu as vu une chose terrible, mon fils, et qu'elle est terrible la vision de ton songe sur les mystères de tous les péchés de la terre, ainsi elle (la terre) est sur le point d'être engloutie dans les abîmes, et d'être ruinée d'une grande ruine. 8. Maintenant, mon fils, lève-toi et prie le Seigneur de gloire, puisque tu es fidèle, pour qu'il reste un reste sur la terre et qu'il (Dieu) n'anéantisse pas la terre tout entière. 9. Mon fils, tout cela doit venir du ciel sur la terre, et il y aura sur la terre une grande ruine. »

10. Alors je me levai, et je priai, et je suppliai, et je demandai, et j'écrivis ma prière pour les générations du monde, et je te montrerai tout, mon fils Mathusala. 11. Or quand je me rendis en bas et que je vis le ciel, et le soleil se lever à l'orient, et la lune descendre à l'occident, et de rares étoiles, et toute la terre, et tout ce qu'il a fait au commencement, je bénis le Seigneur du jugement, et je l'exaltai, parce qu'il fait lever le soleil par les fenêtres de l'orient, de sorte qu'il monte, et qu'il brille à la face du ciel, et qu'il se met en route pour parcourir la voie qui lui a été montrée.

CHAPITRE LXXXIV

Hénoch demande à Dieu de ne pas anéantir sa postérité.

1. Et j'élevai mes mains dans la justice, et je bénis le Saint et le Grand, et je parlai par le souffle de ma bouche, et avec la langue de chair que Dieu a faite aux enfants de chair de l'homme, afin qu'ils s'en servent pour parler ; et il leur a donné un souffle, et une langue, et une bouche pour qu'ils parlent avec.

2. « Béni sois-tu, ô Seigneur, roi grand et fort dans ta grandeur. Seigneur de toute créature céleste, Roi des rois, et Dieu de tout l'Univers. Ton empire et ta royauté et ta grandeur demeurent à jamais et dans les siècles des siècles, et dans toutes les générations des générations ta puissance 2. Tous les cieux sont ton trône pour l'éternité, et la terre entière est l'escabeau de tes pieds à jamais et pour les siècles des siècles. 8. Car c'est toi qui as fait et qui domines toutes choses, et il n'est pas d'œuvre qui te soit difficile, il n'en est pas une ; et aucune sagesse ne te manque et ne s'écarte de sa vie (qui est) ton trône, ni de ta face. Et tu connais, et tu vois, et tu entends tout, et il n'y a rien qui te soit caché, car tu vois toutes choses.

4. « Et maintenant donc, les anges de tes cieux pèchent, et sur la chair de l'homme s'exerce ta colère jusqu'au grand jour du jugement.

5. « Et maintenant donc, Dieu, Seigneur et Roi grand, je te supplie et te demande d'exaucer ma prière : de me laisser une postérité sur la terre, et de ne pas anéantir toute chair humaine, et de ne pas vider la terre, et que la destruction ne soit pas éternelle.

6. « Et maintenant donc, ô mon Seigneur, extermine de la terre la chair qui t'a irrité, mais la chair de justice et de droiture, fais-en une plante dont le germe soit éternel, et ne cache pas ta face à la demande de ton serviteur, ô Seigneur. »

CHAPITRE LXXXV

Deuxième songe d'Hénoch. — Histoire du monde.

1. Et après cela je vis un autre songe, et tout ce songe je vais te montrer, ô mon fils.

2. Alors Hénoch éleva (la voix) et dit à son fils Mathusala : Je veux te parler, à toi, mon fils ; écoute ma parole, et prête l'oreille à la vision du songe de ton père. 8. Avant de prendre ta mère Ednâ, je vis une vision sur ma couche, et voici : un taureau sortait de terre, et ce taureau était blanc. Après lui sortit une génisse, et avec elle sortirent deux veaux dont l'un était noir et l'autre rouge.

4. Or le veau noir frappa le rouge et le poursuivit sur la terre, et dès lors je ne pus voir ce veau rouge. 5. Puis le

veau noir grandit, et cette génisse vint avec lui, et je vis sortir de lui de nombreux taureaux qui lui ressemblaient et le suivaient par derrière.

6. Et cette génisse, la première, s'éloigna du premier taureau pour chercher le veau rouge, et elle ne le trouva pas, et elle poussa sur lui une grande lamentation, et elle le chercha. 7. Et je vis jusqu'à ce que survint le premier taureau, et il la fit taire, et dès lors elle ne cria plus. 8. Elle enfanta ensuite un autre taureau blanc, et après lui elle enfanta de nombreux taureaux et des génisses de couleur noire.

9. Et je vis dans mon sommeil ce taureau blanc grandir également et devenir un grand taureau blanc, et de lui sortirent de nombreux taureaux blancs qui lui ressemblaient. 10. Et ils commencèrent à engendrer de nombreux taureaux blancs qui leur ressemblaient et se suivaient l'un l'autre.

CHAPITRE LXXXVI

Suite de l'histoire du monde. — Les étoiles et les taureaux.

1. Et je vis encore de mes yeux dans mon sommeil, je vis le ciel en haut, et voici : une étoile tomba du ciel, et elle s'éleva et mangea, et elle paissait au milieu de ces taureaux.

2. Je vis ensuite des taureaux grands et des (taureaux) noirs, et voici : ils échangèrent tous leurs étables et leurs pâturages et leurs veaux, et ils se mirent à vivre l'un avec l'autre.

3. Et je vis encore en vision, et je regardai le ciel, et voici : je vis de nombreuses étoiles descendre et se jeter du haut du ciel auprès de cette première étoile, et au milieu de ces veaux elles devinrent des taureaux, et avec eux elles paissaient au milieu d'eux. 4. Et je les regardai, et je vis, et voici : tous sortirent leur membre sexuel comme des chevaux et se mirent à monter sur les génisses des taureaux, et toutes conçurent et elles engendrèrent des éléphants, des chameaux et des ânes. 5. Et tous les taureaux les craignirent et en furent effrayés; et ils (les éléphants, les chameaux et les ânes) se mirent à mordre de leurs dents et à dévorer et à frapper de leur cornes. 6. Et ils se mirent donc à dévorer les taureaux, et voici : tous les enfants de la terre commencèrent à trembler et à s'épouvanter devant eux et à s'enfuir.

CHAPITRE LXXXVII

Apparition de sept hommes blancs (les anges).

1. Et je les vis de nouveau qui commençaient à se frapper l'un l'autre, et à se dévorer l'un l'autre, et la terre se mit à crier. 2. Puis j'élevai de nouveau mes yeux vers le ciel, et je

vis en vision, et voici : il sortit du ciel des êtres semblables à des hommes blancs, et quatre sortirent de ce lieu, et trois (autres) avec eux. 8. Or ces trois qui sortirent en dernier lieu me prirent par la main, et m'enlevèrent au-dessus de la génération terrestre, et ils m'emportèrent sur un lieu élevé et me montrèrent une tour élevée (au-dessus) de la terre, et toutes les collines étaient petites (à côté). 4. Et ils me dirent : « Reste ici jusqu'à ce que tu aies vu tout ce qui arrivera à ces éléphants, ces chameaux et ces ânes, et aux étoiles, et aux génisses, et à eux tous ». »

CHAPITRE LXXXVIII

Les bons anges châtient les anges déchus.

1. Et je vis un des quatre qui étaient sortis d'abord, saisir la première étoile qui était tombée du ciel, et lui lier les mains et les pieds, et la jeter dans un abîme, et cet abîme était étroit et profond, escarpé et sombre. 2. Puis l'un d'eux tira l'épée et la donna aux éléphants, aux chameaux et aux ânes, et ils se mirent à se frapper l'un l'autre, et toute la terre trembla à leur sujet. 3. Et comme je voyais (encore) en vision, voici qu'un des quatre qui étaient sortis jeta... du ciel, et on rassembla et on prit toutes les grandes étoiles dont le membre sexuel était comme celui des chevaux, et il (l'ange) les lia toutes par les mains et les pieds, et il les jeta dans un abîme de la terre.

CHAPITRE LXXXIX

Histoire du monde depuis Noé. — Les soixante-dix pasteurs d'Israël.

1. Alors l'un des quatre alla vers ce taureau blanc et lui apprit un secret sans qu'il tremblât. Il était né taureau, et il devint homme, et il se construisit une grande barque et y demeura ; et trois taureaux demeurèrent avec lui dans cette barque, et elle fut couverte au-dessus d'eux.

2. J'élevai de nouveau mes yeux du côté du ciel et je vis un toit élevé, et sur ce toit sept cataractes, et ces cataractes coulaient dans un enclos (en masses) d'eaux abondantes. 3. Et je vis de nouveau, et voici que des sources s'ouvrirent sur le sol dans ce vaste enclos, et cette eau commença à bouillonner et à s'élever au-dessus du sol, et je vis (encore) cet enclos jusqu'à ce que (enfin) toute sa surface fut couverte par l'eau. 4. Et l'eau et l'obscurité et le brouillard s'accrurent au-dessus de lui. Et je vis la hauteur de cette eau ; et cette eau s'éleva au-dessus de cet enclos, et elle se répandit sur l'enclos, et elle demeura sur le sol.

5. Tous les taureaux de cet enclos furent rassemblés, jusqu'à ce que je les vis submergés, engloutis et anéantis dans cette eau. 6. Et la barque flottait sur l'eau ; mais tous les taureaux et les éléphants et les chameaux et les ânes furent engloutis dans la terre avec tous les quadrupèdes, et

je ne pus plus les voir ; et ils ne purent sortir, et ils furent détruits et submergés dans l'abîme.

7. Et de nouveau je vis en vision, jusqu'à ce que ces cataractes disparurent de ce toit élevé, (que) les fissures de la terre se nivelèrent et (que) d'autres abîmes s'ouvrirent. 8. Et l'eau commença à y descendre, jusqu'à ce que la terre fut découverte, et la barque reposa sur la terre, et l'obscurité se retira, et la lumière fut.

9. Alors le taureau blanc qui était devenu homme, sortit de cette barque, et les trois taureaux avec lui ; et un des trois taureaux était blanc, il ressemblait à ce (premier) taureau, et l'un d'eux était rouge comme du sang ; et un, noir. Et ce taureau blanc s'éloigna d'eux.

10. Et ils commencèrent à engendrer des bêtes sauvages et des oiseaux. Et il y en eut une multitude de toute espèce : lions, léopards, chiens, loups, hyènes, porcs sauvages, renards, écureuils, sangliers, faucons, vautours, éperviers, aigles et corbeaux. Et au milieu d'eux naquit un taureau blanc. 11, Et ils commencèrent à se mordre l'un l'autre ; puis le taureau blanc, qui était né au milieu d'eux, engendra un âne sauvage et un taureau blanc avec lui, et l'âne sauvage grandit. 12. Ensuite le taureau qui avait été engendré par le (taureau blanc) engendra un sanglier noir et une brebis blanche. Et celui-là engendra de nombreux sangliers, et la brebis engendra douze brebis.

13. Et lorsque ces douze brebis eurent grandi, elles livrèrent une d'entre elles à des ânes, et ces ânes à leur tour livrèrent cette brebis à des loups, et la brebis grandit au

milieu des loups. 14. Puis le Seigneur amena les onze brebis pour (les faire) habiter avec elle et paître avec elle au milieu des loups. Et elles se multiplièrent et devinrent de nombreux troupeaux de brebis.

15. Or les loups commencèrent à les craindre et à les opprimer, jusqu'à faire périr leurs petits, et à jeter leurs petits dans un grand cours d'eau. Et les brebis se mirent à crier au sujet de leurs petits et à se plaindre à leur Seigneur.

16. Mais une brebis qui avait échappé aux loups s'enfuit et se rendit chez les ânes sauvages. Et je vis les brebis se lamenter, et crier, et supplier leur Seigneur de toutes leurs forces, jusqu'à ce que le Seigneur des brebis descendit à la voix des brebis, de (son) sanctuaire élevé, et vint auprès d'elles et les fit paître.

17. Et il appela la brebis qui s'était enfuie du milieu des loups, et il lui parla des loups pour qu'elle leur intimât de ne plus toucher aux brebis. 18. Et la brebis se rendit auprès des loups sur l'ordre du Seigneur, et une autre brebis vint à sa rencontre et marcha avec elle. Et elles allèrent et entrèrent toutes les deux ensemble dans l'assemblée des loups, et elles leur parlèrent et leur intimèrent de ne pas toucher désormais aux brebis. 19. Et dès lors, je vis que les loups opprimèrent plus durement et de toutes leurs forces les brebis, et les brebis crièrent. 20. Et leur Seigneur vint auprès des brebis, et il se mit à frapper ces loups, et les loups commencèrent à se lamenter. Mais les brebis se turent et désormais elles ne crièrent plus.

21. Et je vis les brebis sortir d'entre les loups, et les yeux des loups furent obscurcis. Et ces loups sortirent en poursuivant les brebis de toutes leurs forces. 22. Mais le Seigneur des brebis marcha avec elles en les conduisant, et toutes ses brebis le suivaient, et sa face était resplendissante, glorieuse et terrible à voir. 23. Et les loups commencèrent à poursuivre ces brebis, jusqu'à ce qu'ils les eurent rejointes près d'un étang d'eau. 24. Mais cet étang d'eau s'ouvrit, et l'eau se tint d'un côté et de l'autre devant elles et (devant) leur Seigneur qui leur montrait la route et se tenait entre elles et les loups. 25. Et comme ces loups ne voyaient plus les brebis, elles marchèrent au milieu de cet étang d'eau ; et les loups poursuivirent les brebis, et ils coururent derrière elles, ces loups, dans cet étang d'eau. 26. Mais quand ils virent le Seigneur des brebis, ils se retournèrent pour fuir devant sa face. Mais cet étang d'eau se referma, et il reprit soudainement sa position naturelle, et il se remplit d'eau, et il s'éleva jusqu'à couvrir ces loups. 27. Et je vis jusqu'à ce qu'eussent péri tous les loups qui poursuivaient les brebis, et qu'ils fussent submergés.

28. Et les brebis s'éloignèrent de cette eau et se rendirent dans un désert sans, eau ni herbe. Et elles commencèrent à ouvrir les yeux et à voir. Et je vis le Seigneur des brebis les faire paître et leur donner de l'eau et de l'herbe, et cette brebis marcher et les guider.

29. Or cette brebis monta sur le sommet de ce (*sic*) rocher élevé, et le Seigneur des brebis l'envoya auprès d'elles. 30. Ensuite, je vis le Seigneur des brebis se tenant

devant elles ; et son aspect était grandiose, terrible et puissant, et toutes les brebis le virent et elles craignirent devant sa face. 31. Et toutes craignirent et tremblèrent devant lui, et elles crièrent à cette brebis (qui était) avec elles, [la seconde brebis qui était au milieu d'elles] : « Nous ne pouvons nous tenir devant notre Seigneur, ni le regarder. » 32. Or la brebis qui les guidait revint et monta au sommet de ce rocher. Et les yeux des brebis commencèrent à s'obscurcir, et elles errèrent hors de la voie qu'elle leur avait montrée ; mais cette brebis ne le savait pas.

33. Alors le Seigneur des brebis s'irrita contre elles d'une grande colère, et cette brebis apprit (la défection des autres brebis); elle descendit du sommet du rocher et elle vint auprès des brebis, et elle trouva que la plupart d'entre elles avaient les yeux obscurcis et erraient. 34. Et en la voyant, elles craignirent et tremblèrent devant sa face et elles voulurent revenir à leurs bercails. 35. Mais cette brebis prit avec elle d'autres brebis, et elle se rendit auprès des brebis qui avaient erré, et elle se mit à les tuer, et les brebis craignirent devant sa face. Et cette brebis fît revenir les brebis qui avaient erré, et elles revinrent à leurs bercails.

36. Et je vis dans cette vision jusqu'à ce que cette brebis devint un homme et construisit une maison au Seigneur des brebis, et elle amena toutes les brebis dans cette maison.

37. Et je vis jusqu'à ce que se fut endormie cette brebis qui s'était jointe à la brebis qui guidait les brebis. Et je vis jusqu'à ce que toutes les grandes brebis eurent péri, et de

petites se levèrent à leur place, et elles entrèrent dans un pâturage, et elles s'approchèrent d'un cours d'eau. 38. Puis la brebis qui les guidait, qui était devenue homme, fut séparée d'elles et s'endormit ; et toutes les brebis la cherchèrent et poussèrent sur elle de grands cris. 39. Et je vis jusqu'à ce qu'elles eurent cessé de crier sur cette brebis.

Puis elles passèrent ce cours d'eau, et il vint (d'autres) brebis qui les guidèrent à la place de celles qui s'étaient endormies après les avoir guidées. 40. Et je vis les brebis jusqu'à ce qu'elles entrèrent dans une belle région et dans une terre agréable et splendide. Et je vis ces brebis jusqu'à ce qu'elles furent rassasiées, et cette maison était au milieu d'elles dans la terre agréable. 41. Et tantôt leurs yeux s'ouvraient et tantôt ils s'aveuglaient, jusqu'à ce qu'une autre brebis se leva et les guida. Et elle les ramena toutes, et leurs yeux s'ouvrirent. 42. Or les chiens, les renards et les porcs sauvages se mirent à dévorer ces brebis jusqu'à ce que le Seigneur des brebis suscita [une autre brebis], un bélier d'entre elles qui les guida. 43. Et ce bélier se mit à frapper de ci et de là ces chiens, ces renards et ces porcs sauvages, jusqu'à ce qu'il les eût fait périr tous.

44. Alors les yeux de cette brebis s'ouvrirent, et elle vit que le bélier qui était au milieu des brebis avait perdu son honneur et qu'il commençait à frapper ces brebis et à les fouler aux pieds et à se conduire indignement. 45. Alors le Seigneur des brebis envoya la brebis vers une autre brebis et l'éleva au rang de bélier pour conduire les brebis à la place du bélier qui avait perdu son honneur. 46. Et elle se

rendit auprès d'elle, et elle lui parla en secret, et elle éleva ce bélier et elle le fît juge et pasteur des brebis. Or pendant tous ces (événements) les chiens opprimaient les brebis. 47. Mais le premier bélier poursuivit ce second bélier, et ce second bélier se leva et s'enfuit devant lui. Et je vis jusqu'à ce que ces chiens eurent abattu le premier bélier.

48. Puis ce second bélier se leva et conduisit les [petites] brebis, et ce bélier engendra de nombreuses brebis, puis il s'endormit. Et une petite brebis devint bélier à sa place, et elle fut le juge et le conducteur des brebis. 49. Et ces brebis grandirent et se multiplièrent, et tous ces chiens, renards et porcs sauvages eurent peur et fuirent loin de lui. Mais ce bélier frappa et tua toutes les bêtes, et ces bêtes n'eurent plus de puissance au milieu des brebis, et elles ne leur dérobèrent absolument plus rien. 50. Et cette maison devint grande et spacieuse, et elle fut bâtie pour ces brebis, < et > une tour élevée et grande fut bâtie sur la maison pour le Seigneur des brebis. Et cette maison était basse, et la tour élevée et haute. Et le Seigneur des brebis se tenait sur cette tour, et on plaçait devant lui une table chargée (d'offrandes).

51. Puis je vis encore ces brebis errer de nouveau et aller dans une multitude de voies, et abandonner leur maison. Et le Seigneur des brebis appela du milieu d'elles des brebis et les envoya auprès des brebis ; mais les brebis se mirent à les tuer. 52. Or une d'entre elles fut sauvée et ne fut pas tuée, et elle bondit et elle cria au sujet des brebis, et elles voulurent la tuer. Mais le Seigneur des brebis la sauva des mains des

brebis et la fit monter et asseoir près de moi. 53. Et il envoya encore de nombreuses brebis près de ces brebis pour leur annoncer (sa parole) et pour pleurer sur elles. 54. Et ensuite je les vis abandonner la maison du Seigneur et sa tour. Elles erraient en tout et leurs yeux étaient aveuglés. Et je vis le Seigneur dés brebis en faire un grand carnage dans leurs pâturages, jusqu'à ce que ces brebis eussent (encore) appelé ce carnage et livré sa place. 55. Et il les abandonna aux lions, aux léopards, aux loups, aux hyènes, aux renards et à toutes les bêtes, et ces bêtes sauvages se mirent à déchirer ces brebis. 56. Puis je le vis abandonner leur maison et leur tour et les livrer toutes (les brebis) aux lions, afin qu'il les déchirent et les dévorent, — [à toutes les bêtes.]

57. Et moi, je me mis à crier de toute ma force, et à appeler le Seigneur des brebis, et je lui fis voir que les brebis étaient dévorées par toutes les bêtes sauvages. 58. Mais lui se tut en les voyant, et il se réjouit de ce qu'elles étaient mangées, dévorées et ravies ; et il les abandonna en pâture à toutes les bêtes.

59. Puis il appela soixante-dix pasteurs et il leur livra ces brebis pour les faire paître. Et il dit aux pasteurs et à leurs serviteurs : « Que chacun de vous désormais fasse paître les brebis, et tout ce que je vous ordonnerai, faites-le. 60. Je vous les livrerai en nombre (déterminé) et je vous dirai celles qui doivent périr, et celles-là, faites-les périr. » — Et il leur livra ces brebis.

61. Puis il en appela un autre et lui dit : « Considère et vois tout ce que les pasteurs font à ces brebis, cap ils en font périr plus que je ne leur ai commandé. 62. Et (pour) tout excès et perte qui seront l'œuvre des pasteurs, écris combien ils (en) font périr par mon ordre, et combien ils (en) font périr de leur chef. Toute perte de chaque pasteur inscris-la à leur compte. 63. Lis eusuite le nombre devant moi : combien ils en auront fait périra, et combien on leur en avait livré pour la destruction, afin que ce me soit un témoignage contre eux, pour que je sache toute la conduite des pasteurs, que je les mesure et que je voie ce qu'ils font, s'ils s'en tiennent ou non l'ordre que je leur ai donné. 64. Mais qu'ils ne le sachent pas, et ne le leur fais pas connaître et ne les avertis pas, mais inscris toute destruction des pasteurs, un par un, en son temps, et fais monter tout (cela) devant moi. »

65. Et je vis jusqu'au moment où ces pasteurs firent paître, (chacun) en son temps, et se mirent à tuer et à faire périr plus de (brebis) qu'ils n'en avaient reçu l'ordre, et à livrer ces brebis aux lions. 66. Et les lions et les léopards mangèrent et dévorèrent la plupart des brebis, et les porcs sauvages mangèrent avec eux, et ils brûlèrent cette tour et ils renversèrent cette maison. 67. Et je m'attristai très fort au sujet de la tour, parce que cette maison des brebis avait été renversée, et dès lors je ne pus plus voir si ces brebis entraient dans cette maison. 68. Et les pasteurs et leurs serviteurs livrèrent ces brebis à toutes les bêtes sauvages afin qu'elles les dévorent, et (de) tout (ce que) chacun d'eux

en son temps avait reçu en nombre (déterminé) il fut écrite (pour) chacun d'eux par l'autre, en un livre, combien il en avait fait périr. 69. Or chacun (en) tuait et (en) faisait périr plus qu'il ne leur avait été fixé, et moi je me mis à pleurer et à me lamenter sur ces brebis.

70. Et je vis également en vision celui qui inscrivait, comment il inscrivait chaque (brebis) qui avait été détruite par ces pasteurs jour par jour, et il apporta et déposa tout son livre, et il fit voir au Seigneur des brebis tout ce qu'avait fait et tout ce qu'avait enlevé chacun d'eux, et tout ce qu'il avait livré à la destruction. 71. Et le livre fut lu en présence du Seigneur des brebis, et il prit le livre de sa main, et il le lut, le scella et le déposa.

72 Et après cela, je vis que les pasteurs faisaient paître (les brebis) pendant douze heures, et voici : trois de ces brebis revinrent, et elles arrivèrent et entrèrent, et elles se mirent à bâtir tout ce qui était tombé de cette maison, mais les porcs sauvages les (en) empêchèrent, et elles ne le purent pas (cette fois). 73. Puis elles recommencèrent à bâtir comme auparavant, et elles élevèrent cette tour qui fut appelée tour haute, et elles recommencèrent à placer devant la tour une table, mais tout le pain qui y était (déposé) était souillé et impur. 74. Et sur tout cela les yeux de ces brebis étaient aveuglés, et elles ne voyaient pas, et leurs pasteurs de même, et il (le Seigneur des brebis) les livra pour une plus grande destruction à leurs pasteurs qui foulèrent aux pieds les brebis et les dévorèrent.

75. Et le Seigneur des brebis se tut jusqu'à ce que toutes les brebis fussent dispersées dans le désert et qu'elles fussent mêlées avec eux (les animaux sauvages), et ils (les pasteurs) ne les délivrèrent pas de la main des bêtes. 76. Et celui qui avait écrit le livre l'apporta, le montra et le lut au Seigneur des brebis, et il le supplia pour elles et il lui adressa une demande, en lui montrant toute la conduite des pasteurs, et en portant témoignage devant lui contre tous les pasteurs. 77. Et prenant son livre, il le déposa près de lui (du Seigneur des brebis) et il sortit.

CHAPITRE XC

Suite de l'histoire des soixante-dix pasteurs et des derniers temps d'Israël. — Les temps messianiques et le jugement final.

1. Et je vis jusqu'au temps où trente-cinq pasteurs eurent ainsi fait paître (les brebis), et chacun d'eux accomplit (son mandat) en son temps, comme les premiers, et d'autres les reçurent dans leurs mains, afin de les faire paître en leur temps, chaque pasteur en son temps.

2. Après cela, dans une vision, je vis venir tous les oiseaux du ciel : les aigles, les vautours, les éperviers et les corbeaux; et les aigles guidaient tous les oiseaux, et ils se mirent à dévorer ces brebis et à leur crever les yeux et à dévorer leur chair. 3. Et les brebis crièrent parce que leur

chair était dévorée par les oiseaux. Et moi je regardai et je me lamentai dans mon sommeil sur le pasteur qui paissait les brebis.

4. Et je vis jusqu'à ce que ces brebis eussent été dévorées par les chiens, par les aigles et par les éperviers qui ne leur laissèrent absolument ni chair, ni peau, ni muscle, jusqu'à ce qu'elles n'eussent plus que les os, et leurs os tombèrent sur la terre et les brebis diminuèrent.

5. Et je vis jusqu'au temps où vingt-trois pasteurs eurent fait paître (les brebis) et eurent accompli, chacun en son temps, cinquante-huit temps. 6. Et voici : des agneaux naquirent de ces brebis blanches, et ils commencèrent à ouvrir les yeux et à voir, et à bêler auprès des brebis. 7. Et les brebis ne bêlèrent pas vers eux et ne prêtèrent pas l'oreille à leur parole, mais elles furent tout à fait sourdes, et leurs yeux s'aveuglèrent extrêmement et de plus en plus.

8. Et je vis en vision les corbeaux s'abattre sur ces agneaux et saisir un de ces agneaux, et ils déchiquetèrent les brebis et les dévorèrent.

9. Et je vis jusqu'à ce qu'il poussa des cornes à ces agneaux, et les corbeaux faisaient tomber leurs cornes. Et je vis jusqu'à ce qu'une grande corne poussa à une de ces brebis, et leurs yeux s'ouvrirent. 10, Et elle (la brebis) les vit, et leurs yeux s'ouvrirent ; et elle cria vers les brebis, et les béliers la virent et ils accoururent tous auprès d'elle. 11. Et malgré cela, tous ces aigles, ces vautours, ces corbeaux et ces éperviers ravissaient encore les brebis, fondaient sur

elles et les dévoraient. Et les brebis se taisaient, et les béliers se lamentaient et criaient.

12. Puis ces corbeaux entrèrent en lutte et combattirent avec elle (la brebis), et ils voulurent lui enlever sa corne, mais ils ne le purent pas. 13. Et je les vis jusqu'à ce que survinrent les pasteurs, les aigles, les vautours et les éperviers ; ils crièrent aux corbeaux de briser la corne de ce bélier, et ils combattirent et ils luttèrent avec lui, et lui combattit avec eux, et il cria pour qu'on vînt à son secours.

14. Et je vis arriver l'homme qui avait inscrit les noms des pasteurs et qui avait apporté (le livre) devant le Seigneur des brebis, et il le secourut et le sauva, et il lui montra tout. Il descendit au secours de ce bélier. 15. Et je vis venir auprès d'elle le Seigneur des brebis en fureur, et ceux qui le virent s'enfuirent tous, et ils tombèrent tous dans les ténèbres (en fuyant) devant sa face.

16. Tous les aigles, vautours, corbeaux et éperviers s'assemblèrent, et ils amenèrent avec eux toutes les brebis sauvages, et ils vinrent tous ensemble et s'entr'aidèrent pour mettre en pièces cette corne du bélier. 17. Et je vis cet homme qui avait écrit le livre par l'ordre du Seigneur, ouvrir le livre de la destruction qu'avaient faite ces douze derniers pasteurs, et montrer devant le Seigneur des brebis qu'ils avaient détruit, beaucoup plus que leurs prédécesseurs. 18, Et je vis jusqu'à ce que le Seigneur des brebis vint auprès d'elles, et il prit en main la verge de sa colère, et il frappa la terre, et la terre s'entr'ouvrit, et toutes

les bêtes et les oiseaux du ciel tombèrent loin de ces brebis et furent englouties dans la terre qui se ferma sur eux.

19. Et je vis jusqu'à ce qu'une grande épée fut donnée aux brebis et les brebis sortirent contre toutes les bêtes sauvages afin de les tuer, et toutes les bêtes et les oiseaux du ciel fuirent devant leur face.

20. Et je vis jusqu'à ce qu'un trône fut élevé sur la terre agréable, et le Seigneur des brebis s'assit dessus, et il (un ange) prit tous les livres scellés et il ouvrit ces livres devant le Seigneur des brebis. 21. Et le Seigneur appela ces sept premiers hommes blancs, et il commanda d'amener devant lui, en commençant par la première étoile qui (les) précédait, ces étoiles dont le membre sexuel était comme le membre sexuel des chevaux [et la première étoile qui tomba d'abord]. Et ils les amenèrent toutes devant lui. 22. Puis il parla à cet homme qui écrivait devant lui, l'un des sept (hommes) blancs, et il lui dit : « Prends ces soixante-dix pasteurs à qui j'avais livré les brebis et qui après les avoir reçues en ont égorgé beaucoup plus que je ne leur avais commandé. » 23. Et voici : je les vis tous enchaînés, et ils se tinrent tous devant lui.

24. Et le jugement porta d'abord sur les étoiles, et elles furent jugées, et elles furent (reconnues) pécheresses, et elles s'en allèrent dans le lieu du châtiment, et on les jeta dans un endroit profond, plein d'un feu ardent et rempli par une colonne de feu. 25. Puis ces soixante-dix pasteurs furent jugés et furent (reconnus) pécheurs, et ils furent jetés eux (aussi) dans cet abîme de feu. 26. Et je vis en ce temps-

là un précipice semblable et plein de feu s'ouvrir au milieu de la terre. Et on amena ces brebis aveuglées, et elles furent toutes jugées et (reconnues) pécheresses, et jetées dans cet abîme de feu, et elles brûlèrent. Or ce précipice était à la droite de cette maison. 27. Et je vis ces brebis brûler, et leurs os (eux-mêmes) brûlaient.

28. Et je me levai pour voir jusqu'à ce qu'il plia cette vieille maison, et on emporta toutes les colonnes ; et toutes les poutres ainsi que les ornements de cette maison furent pliés avec elles, et on les emporta et on les jeta dans un lieu à droite de la terre. 29. Et je vis jusqu'à ce que le Seigneur des brebis apporta une nouvelle maison, plus grande et plus élevée que la première, et il la dressa à la place de la première qui avait été pliée. Et toutes ses colonnes étaient neuves, et ses ornements neufs ; et elle était plus grande que la première vieille (maison) qu'il avait emportée, et toutes les brebis étaient au milieu.

30. Et je vis toutes les brebis qui restaient, et tous les animaux qui étaient sur la terre, et tous les oiseaux du ciel se prosterner, adorer ces brebis et les supplier, et leur obéir au moindre mot. 31. Ensuite ces trois qui étaient vêtus de blanc me prirent par la main, — c'étaient ceux qui m'avaient enlevé d'abord, — et la main de ce bélier me tenant, ils me firent monter et me firent asseoir au milieu des brebis, avant que le jugement n'eût lieu. 32. Et ces brebis étaient toutes blanches ; et leur toison, grande et pure. 33. Et toutes celles qui avaient péri et avaient été dispersées, et toutes les bêtes sauvages et tous les oiseaux

du ciel se réunirent dans cette maison, et le Seigneur des brebis se réjouit d'une grande joie parce qu'ils étaient tous bons et qu'ils étaient revenus à sa maison.

34. Et je vis jusqu'à ce qu'elles (les brebis) déposèrent l'épée qui avait été donnée aux brebis, et elles la rapportèrent dans la maison, et on la scella en présence du Seigneur ; et toutes les brebis furent appelées dans cette maison, mais elle ne les contint pas. 35. Et leurs yeux à toutes s'ouvrirent et elles y virent bien, et il n'y en eut pas une seule qui ne vît au milieu d'elles. 86. Et je vis que cette maison était grande et spacieuse et tout à fait pleine.

37. Et je vis qu'un taureau blanc naquit, et ses cornes étaient grandes, et toutes les bêtes sauvages et tous les oiseaux du ciel le craignaient et le suppliaient en tout temps. 38. Et je vis jusqu'à ce que furent changées toutes leurs espèces, et ils devinrent tous des taureaux blancs, et le premier au milieu d'eux devint un buffle [et ce buffle était un grand animal], et il avait sur sa tête de grandes cornes noires, et le Seigneur des brebis se réjouit sur lui et sur tous les taureaux. 39. Et moi j'étais couché au milieu d'eux, et je me réveillai après avoir tout vu.

40. Et telle est la vision que je vis lorsque j'étais couché ; puis je m'éveillai, et je bénis le Seigneur de justice, et je lui rendis gloire. 41. Après cela je versai des larmes abondantes, et mes larmes ne s'arrêtèrent pas jusqu'à ce que je ne pus plus y tenir : quand je voyais, elles coulaient sur ce que je voyais, car tout viendra et sera accompli ; et toutes les actions des hommes m'ont été montrées l'une après

l'autre. 42. Et dans cette nuit je me rappelai mon premier songe, et je pleurai et je me troublai à son sujet parce que j'avais vu cette vision.

Ve PARTIE
LIVRE DE L'EXHORTATION ET DE LA MALÉDICTION
(Chap. XCI-CV)

CHAPITRE XCI

Exhortations d'Hénoch à ses enfants. — Prédictions sur le châtiment des pécheurs.

1. Maintenant donc, mon fils Mathusala, convoque auprès de moi tes frères, réunis autour de moi tous les enfants de ta mère, car une voix m'appelle et un esprit s'est répandu sur moi pour que je vous montre tout ce qui vous arrivera jusqu'à l'éternité.

2. Et là-dessus Mathusala s'en alla convoquer tous ses frères auprès de lui (Hénoch) et il rassembla ses parents. 3. Et il (Hénoch) parla à tous les enfants de justice et dit : Écoutez, enfants d'Hénoch, toutes les paroles de votre père

et prêtez bien l'oreille à la voix de ma bouche, car c'est vous que j'exhorte et je vous dis : Bien chers, aimez la vérité et marchez en elle. 4. Et n'approchez pas de la vérité avec un cœur double , ne vous associez pas avec ceux qui ont un cœur double, mais marchez dans la justice, ô mes enfants : elle-même vous conduira dans les bonnes voies et la justice sera votre compagne. 5. Car, je le vois, l'état de violence devient plus grand sur la terre, aussi un grand châtiment s'accomplira sur la terre ; toute injustice sera consommée et sera coupée de ses racines, et tout son édifice périra. 6. L'injustice recommencera à s'accomplir sur la terre, et elle contiendra deux fois plus d'œuvres d'injustice, d'oppression et de péché ! 7. Mais lorsque, en toute œuvre, l'injustice, le péché, le blasphème et la violence auront grandi, quand la perversité, le crime et l'impureté auront grandi, un grand châtiment viendra du ciel sur tout cela et le Seigneur saint sortira en fureur avec un fléau pour faire un jugement sur la terre. 8. En ces jours, la violence sera tranchée de sa racine, et les racines de l'injustice aussi bien que (celles de) la ruse, et elles seront détruites sous les cieux. 9. Et toutes les idoles des païens et (leur) temple seront livrés au feu ardent. On les chassera de toute la terre et ils seront jetés dans le supplice du feu, et ils seront détruits par la colère et par un supplice terrible, qui sera éternel. 10. Alors les justes surgiront de leur sommeil, la sagesse aussi se lèvera et leur sera donnée.

[11. Alors, les racines de l'injustice seront coupées et les pécheurs périront par l'épée ; les impies seront retranchés en tout lieu, et ceux qui méditent la violence et ceux qui commettent le blasphème périront par l'épée.]

18. Et maintenant je vais vous dire, ô mes enfants, et vous montrer les voies de la justice et celles de la violence ; et je vous ferai voir de nouveau comment vous connaîtrez ce qui doit arriver.

19. Et maintenant écoutez-moi, mes enfants, et marchez dans les sentiers de la justice et n'allez pas dans les sentiers de la violence, car ils périront à jamais tous ceux qui vont dans la voie de l'injustice.

CHAPITRE XCII

Récompense des justes. Destruction des pécheurs.

1. Écrit composé par Hénoch. Hénoch écrivit donc toute cette doctrine de sagesse, — objet de la louange de tous les hommes et juge de toute la terre, — pour tous mes enfants qui habitent sur la terre et pour les générations futures qui feront le bien et la paix. 2. Que votre esprit ne s'attriste pas au sujet des temps, car le Grande et le Saint a donné des jours pour tout. 3. Et le juste se réveillera de son sommeil ; il se lèvera et il avancera dans les voies de la justice, et toutes ses voies et sa carrière seront dans la vertu et dans la clémence éternelles. 4. Il (le Grand et le Saint) sera propice au juste, il lui donnera une éternelle justice et il lui donnera

la puissance, et lui (le juste) sera dans la vertu et dans la justice et il marchera dans une lumière éternelle. 5. Mais le péché sera perdu dans les ténèbres pour toujours ; il ne paraîtra donc plus dès ce jour jusqu'à l'éternité.

CHAPITRE XCIII

Apocalypse des semaines. Prédictions d'Hénoch sur les dix semaines qui s'écouleront depuis sa naissance jusqu'à la fin des temps.

1. [Ensuite Hénoch enseigna et il se mit à parler d'après les livres. 2. Et Hénoch dit : Au sujet des enfants de justice, au sujet des élus du monde et au sujet de la plante d'équité, voici ce que je vous dirai et vous ferai connaître, mes enfants, moi, Hénoch, selon qu'il m'a été révélé par une vision des cieux, et que je (l') ai appris par la voix des saints anges, et que je (l') ai compris par les tablettes du ciel. 3. Hénoch commença donc à parler d'après les écrits et il dit : Moi, le septième, je suis né dans la première semaine, alors que le droit et la justice duraient encore. 4. Et après moi, dans la seconde, surviendra un grand mal ; la mauvaise foi pullulera, et en elle (cette semaine) aura lieu la première consommation et alors un homme sera sauvé. Et après que cette (semaine) sera achevée, l'injustice croîtra et il (Dieu) fera une loi pour les pécheurs. 5. Et ensuite, dans la troisième semaine, vers sa fin, un homme sera élu comme

plante de juste jugement, et après cela il croîtra en plante de justice 10 pour l'éternité. 6. Et ensuite, dans la quatrième semaine, sur sa fin, les visions des saints et des justes apparaîtront, et une loi pour les générations des générations et un enclos leur seront préparés. 7. Et ensuite, dans la cinquième semaine, sur sa fin, une maison de gloire et de domination sera édifiée pour l'éternité. 8. Et ensuite, dans la sixième semaine, ceux qui y vivront seront tous aveuglés, et leur cœur à tous tombera dans l'impiété, loin de la sagesse, et alors un homme montera (au ciel), et à la fin de cette (semaine) la maison de domination sera consumée par le feu, et alors sera dispersée toute la race à racine puissante. 9. Et ensuite, dans la septième semaine, s'élèvera une génération perverse ; nombreuses seront ses œuvres, mais toutes ses œuvres (seront) abomination. 10. Et à la fin de cette (semaine), les justes élus (rejetons) de la plante de justice éternelle, seront élus pour qu'il leur soit donné au septuple la science de toute sa création (de Dieu).

[11. Car quel est l'enfant des hommes qui peut entendre la voix du Saint sans en être troublé, et qui peut penser sa pensée, et qui peut contempler toutes les œuvres du ciel ? 12. Quel est celui qui peut voir le ciel, et quel est-il celui qui peut connaître l'œuvre du ciel ? Et comment verrait-il une âme ou un esprit, et pourrait-il (en) parler, ou monter et voir toutes leurs extrémités, et les comprendre ou agir comme eux. 13. Et quel est l'enfant des hommes qui peut comprendre quelle est la largeur et la longueur de la terre, et à qui ont été montrées toutes (leurs) mesures ? 14. Ou bien existe-t-i un homme qui puisse connaître la longueur du ciel ainsi que sa hauteur, sur quelle (base) il est affermi, combien est grand le nombre des étoiles, et où reposent toutes les lumières ?]

XCI, 12-17 (voir p. 240, note)

12. Et ensuite, il y aura une autre semaine, la huitième ; ce sera celle de la justice; une épée lui sera remise pour qu'il soit fait jugement et justice des oppresseurs, et les pécheurs seront livrés aux mains des justes. 13. Et vers sa fin (de la huitième semaine), ils (les justes) acquerront des maisons à cause de leur justice ; et une maison sera élevée pour le grand Roi, dans une splendeur éternelle. 14. Et après cela, dans la neuvième semaine, le jugement de justice sera dévoilé à tout l'univers, et toutes les œuvres des impies disparaîtront de la terre entière, et le monde sera inscrit pour la perdition, et tous les hommes verront les voies du bien. 15. Et après cela, dans la dixième semaine, dans (sa) septième partie, aura lieu le grand jugement éternel dans lequel il exercera la vengeance au milieu des anges. 16. Et le premier ciel disparaîtra et passera, et un ciel nouveau paraîtra, et toutes les puissances des cieux brilleront éternellement sept fois plus. 17. Et après cela (viendront) des semaines nombreuses qui s'écouleront innombrables, éternelles, dans la bonté et dans la justice, et dès lors le péché ne sera plus nommé jusqu'à l'éternité.]

CHAPITRE XCIV

Exhortations aux justes. Malédictions contre les impies.

1. Maintenant donc je vous dis, mes enfants, aimez la justice et marchez en elle, car les voies de la justice sont dignes qu'on les suive, mais les voies de l'iniquité passeront et disparaîtront soudain. 2. A certains hommes de la génération (future) seront révélées les voies de la violence et de la mort, et ils s'en éloigneront et ne les suivront pas. 3. Et maintenant à vous justes, je dis : n'allez pas dans une voie mauvaise, ni dans les voies de mort ; et n'en approchez pas, pour ne pas périr. 4. Mais recherchez et choisissez pour vous la justice et une vie excellente, et marchez dans les sentiers de la paix pour vivre et être heureux. 5. Et retenez ma parole dans la réflexion de votre cœur, et qu'elle ne s'efface pas de votre cœur ; car je sais que les pécheurs tenteront les hommes pour qu'ils changent la sagesse en mal, on ne lui trouvera pas de place (à la sagesse) et aucune épreuve ne diminuera.

6. Malheur à ceux qui édifient l'iniquité et l'oppression et fondent sur la fraude , car ils seront renversés soudain et il n y aura pas pour eux de paix. 7. Malheur à ceux qui édifient leurs maisons par le péché, car de tous leurs fondements ils seront arrachés et ils tomberont sous le glaive, et ceux qui possèdent de l'or et de l'argent périront soudain dans le jugement.

8. Malheur à vous riches, parce que vous vous confiez dans vos richesses ; vous en serez privés, parce que vous ne vous êtes pas souvenus du Très-Haut aux jours de votre richesse. 9. Vous avez commis le blasphème et l'iniquité , vous êtes mûrs pour le jour de l'effusion du sang, pour le jour de ténèbres et pour le jour du grand jugement.

10. Ainsi moi je vous dis et je vous annonce que celui qui vous a créés vous renversera, et sur votre ruine il n'y aura pas de pitié, et votre créateur se réjouira de votre destruction. 11. Et vos justes en ces jours seront un reproche pour les pécheurs et pour les impies.

CHAPITRE XCV

Tristesse d'Hénoch. — Nouvelles malédictions.

1. Qui donnera à mes yeux de devenir un nuage d'eau ? et je pleurerai sur vous et je répandrai mes larmes comme un nuage d'eau et je soulagerai la tristesse de mon cœur.

2. Qui vous a donné de faire la haine et le mal ? Aussi le jugement vous atteindra, vous pécheurs.

3. Ne craignez pas les pécheurs, ô justes, car le Souverain de l'univers les livrera de nouveau entre vos mains pour que vous rendiez contre eux un jugement, comme il vous plaira.

4. Malheur à vous, qui lancez des anathèmes qu'on ne puisse pas rompre ! Le remède est loin de vous à cause de

votre péché !

5. Malheur à vous, qui rendez le mal à votre prochain, car vous recevrez selon vos œuvres !

6. Malheur à vous, témoins de mensonge et à ceux qui pèsent l'injustice, car vous périrez soudain !

7. Malheur à vous, pécheurs, parce que vous persécutez les justes, car vous-mêmes vous serez livrés et persécutés par l'injustice, et son joug s'appesantira sur vous !

CHAPITRE XCVI

Motifs d'espérance pour les justes, de crainte pour les pécheurs.

1. Ayez confiance, ô justes, car les pécheurs seront bientôt anéantis devant vous et vous aurez sur eux le pouvoir que vous voudrez. 2. Et au jour de l'affliction des pécheurs, vos petits se dresseront et s'élèveront comme les aigles, votre nid sera plus élevé que (celui du) vautour ; comme l'écureuil, vous monterez et vous pénétrerez pour toujours dans les cavernes de la terre et dans les anfractuosités des rochers, loin de la face des méchants, qui gémiront et pleureront sur vous comme des sirènes. 3. Ne craignez donc pas, vous qui souffrez, car il y aura un remède pour vous, une claire lumière luira pour vous, et du ciel vous entendrez la voix du repos.

4. Malheur à vous, pécheurs, parce que votre richesse vous donne l'apparence des justes, mais votre cœur vous convainc que vous êtes pécheurs, et cette parole témoignera contre vous, pour rappeler les iniquités. 5. Malheur à vous qui dévorez la fleur du froment et (qui) buvez la force du principe de la source, et (qui) dans votre force foulez aux pieds les humbles. 6. Malheur à vous, qui buvez de l'eau en tout temps, car soudain vous recevrez votre récompense : vous serez consumés et desséchés parce que vous avez délaissé la source de vie.

7. Malheur à vous qui commettez l'injustice, la fraude et le blasphème : contre vous il y aura un mémorial en mal. 8. Malheur à vous, puissants, qui par la violence opprimez le juste, car le jour de votre perte arrive ; en ces jours, au temps de votre châtiment, il y aura pour les justes des jours nombreux et bons.

CHAPITRE XCVII

Malheur à ceux qui commettent l'injustice et qui possèdent des richesses mal acquises.

1. Ayez confiance, justes, parce que les pécheurs seront livrés à l'opprobre, et ils seront anéantis au jour de l'iniquité. 2. Vous saurez, (pécheurs,) que le Très-Haut se souvient de votre perte, et que les anges du ciel se réjouissent de votre perte. 3. Qu'allez-vous faire, pécheurs,

et où fuirez-vous en ce jour du jugement, lorsque vous entendrez l'accent de la prière des justes ? 4. Vous serez comme ceux contre lesquels témoignera cette parole : « Vous avez été les complices des pécheurs. » 5. Et dans ces jours la prière des justes parviendra auprès du Seigneur, et pour vous arriveront les jours de votre jugement. 6. On lira devant le Grand et le Saint toutes vos paroles d'injustice, votre face sera couverte de confusion et toute œuvre fondée sur l'injustice sera rejetée. 7. Malheur à vous, pécheurs, qui êtes au milieu de la mer ou sur l'aride : leur souvenir vous sera funeste. 8. Malheur à vous qui possédez de l'argent et de l'or (acquis) par l'injustice ! Vous dites : « Nous sommes riches, nous avons de la fortune et nous possédons tout ce que nous avons désiré. 9. Et maintenant réalisons nos projets, car nous avons accumulé l'argent, nos trésors (en) sont plein comme d'eau, et nombreux sont les laboureurs de nos maisons. » 10. Comme de l'eau aussi s'écouleront vos illusions, car la richesse ne vous restera pas ; mais soudain elle s'envolera loin de vous, parce que c'est par l'injustice que vous l'avez toute acquise, et vous-mêmes serez livrés à une grande malédiction.

CHAPITRE XCVIII

Les mauvaises actions sont connues de Dieu : malheur aux insensés et aux pécheurs.

Les mauvaises actions sont connues de Dieu : malheur aux insensés et aux pécheurs. 1. Et maintenant, moi, je vous jure à vous, sages et fous, que vous verrez beaucoup de choses sur la terre. 2. Car vous, hommes, vous mettez sur vous plus d'ornements qu'une femme et plus de couleurs qu'une vierge ; dans l'empire, dans la grandeur et dans le pouvoir, et dans l'argent et l'or, la pourpre, les honneurs et les bons mets, ils se répandent comme l'eau. 3. Parce qu'ils n'ont ni doctrine ni sagesse, à cause de cela ils seront perdus avec leurs biens et avec toute leur splendeur et leurs honneurs ; et dans l'opprobre, dans le carnage et dans une grande pauvreté leur esprit sera jeté dans une fournaise de feu.

4. Je vous jure à vous, pécheurs, que de même qu'une montagne n'est (jamais) devenue et ne deviendra un serviteur, ni une colline une servante, ainsi le péché n'a pas été envoyé sur la terre ; mais les hommes l'ont fait d'eux-mêmes, et ils seront en grande malédiction ceux qui l'auront commis. 5. Et la stérilité n'a pas été donnée (par la nature) à la femme, mais c'est à cause de l'œuvre de ses mains qu'elle meurt sans enfants. 6. Je vous jure à vous, pécheurs, par le Saint et le Grand, que toute votre œuvre mauvaise est manifeste dans les cieux et qu'il n'est pas en vous d'œuvre de violence qui soit cachée et secrète. 7. Et ne pensez pas dans votre esprit et ne dites pas dans votre cœur que vous ne saviez pas et que vous ne voyiez pas que tout péché est écrit tous les jours dans le ciel en présence du Très-Haut. 8. Désormais vous saurez que toute votre

violence que vous exercez est écrite tous les jours jusqu'au jour de votre jugement.

9. Malheur à vous, insensés, car vous serez perdus par votre folie ; vous avez fait le mal contre les sages et le bonheur ne vous viendra pas. 10. Et maintenant, sachez que vous êtes prêts pour le jour de la ruine, et n'espérez point de vivre, ô pécheurs ; mais vous passerez et vous mourrez, car vous ne connaissez pas de rançon, car vous êtes prêts pour le jour du grand jugement et pour le jour de l'affliction et de la grande misère (réservées) à votre esprit.

11. Malheur à vous, au cœur épais, qui faites le mal et mangez le sang : d'où mangez-vous si bien, vous, et buvez-vous et vous rassasiez-vous ? De tous les biens que le Seigneur très haut a accumulés sur la terre, aussi n'aurez-vous pas de paix.

12. Malheur à vous qui chérissez l'iniquité ; pourquoi vous promettez-vous le bonheur ? Sachez que vous serez livrés aux mains des justes : ils vous couperont la tête et ils vous mettront à mort, et ils n'auront pas pitié de vous.

13. Malheur à vous qui vous réjouissez de l'affliction des justes, car il ne sera pas creusé de tombe pour vous.

14. Malheur à vous qui déclarez vaine la parole des justes, car il n'est pas pour vous d'espérance de vie.

15. Malheur à vous qui écrivez des paroles de mensonge et des paroles d'impies, car ils écrivent leurs mensonges pour qu'on (les) écoute et qu'on oublie le reste : ils n'auront point de paix, mais ils mourront d'une mort soudaine.

CHAPITRE XCIX

Malheur aux impies, aux transgresseurs de la loi, aux idolâtres, etc. Bonheur de ceux qui marchent dans la voie de la justice.

1. Malheur à ceux qui commettent des impiétés et qui louent et glorifient la parole de mensonge : vous serez détruits et vous n'aurez pas une vie de bonheur.

2. Malheur à ceux qui changent les paroles de vérité et transgressent la loi éternelle et se font, ce qu'ils n'étaient pas, pécheurs : sur la terre ils seront foulés aux pieds.

3. En ces jours préparez-vous, ô justes, à rappeler vos prières et à les placer en témoins devant les anges pour qu'ils fassent souvenir le Très-Haut du péché des pécheurs.

4. En ces jours, les peuples s'agiteront et les familles des peuples se lèveront au jour de la destruction ». 5. Et en ces jours ceux qui seront réduits à la misère sortiront et déchireront leurs enfants et les rejetteront ; et leurs fils tomberont loin d'eux, et ils rejetteront leurs enfants à la mamelle, et ils ne reviendront pas à eux et ils n'auront pas pitié de leurs bien-aimés.

6. De nouveau, moi je vous jure à vous, pécheurs, que le péché est mûr pour le jour où le sang ne cessera pas (de couler). 7. Et ceux qui adorent la pierre, et ceux qui

fabriquent des images d'or et d'argent, de bois et d'argile, et ceux qui adorent les esprits mauvais et les démons et toute sorte d'idoles, sans discernement, aucun secours ne leur viendra d'elles. 8. Ils tombent dans l'impiété à cause de la folie de leur cœur, et leurs yeux sont obscurcis par la pusillanimité de leur cœur et par la vision de leurs rêves. 9. Par elles, ils commettent l'impiété et ils tremblent, car ils ont fait toutes leurs œuvres dans le mensonge et ils ont adoré la pierre ; c'est pourquoi ils seront perdus en un clin d'œil.

10. Et en ces jours, heureux tous ceux qui reçoivent la parole de sagesse et la comprennent, qui pratiquent les voies du Très-Haut et marchent dans la voie de sa justice, et (qui) ne commettent pas l'impiété avec les impies, car ils seront sauvés.

11. Malheur à vous qui étendez le mal jusqu'à vos proches, car vous serez mis à mort dans le scheol.

12. Malheur à vous qui employez une mesure de péché et de fraude et qui déversez l'amertume sur la terre, car pour cela ils seront consumés.

13. Malheur à vous qui édifiez vos maisons par le travail des autres : tous leurs matériaux sont briques et pierres de péché ; je vous le dis, vous n'aurez point de paix.

14. Malheur à ceux qui répudient la mesure et l'héritage éternel de leurs pères, et dont l'âme s'attache aux idoles, car il n'y aura pas de repos pour eux.

15. Malheur à ceux qui commettent l'injustice et prêtent leur aide à la violence, et (qui) égorgent leurs compagnons jusqu'au jour du grand jugement. 16. Car il jettera à terre votre gloire, et il mettra le mal en vos cœurs, et il suscitera sa colère, et son esprit vous détruira tous par le glaive, et tous les justes et les saints se souviendront de votre péché.

CHAPITRE C

Les pécheurs s'extermineront les uns les antres. An jour du grand jugement, les anges veilleront sur les justes, tandis que les pécheurs iront brûler dans une fournaise de feu.

1. Et en ces jours, en un seul lieu, les pères seront frappés avec leurs fils, et les frères tomberont avec leurs proches dans la mort jusqu'à ce que coule comme un fleuve de leur sang. 2. Car l'homme n'empêchera pas sa main de tuer son fils et le fils de son fils, et le pécheur n'empêchera pas sa main de (tuer) son frère chéri : depuis l'aurore jusqu'au coucher du soleil ils s'entr'égorgeront. 3. Et le cheval avancera jusqu'à ce que son poitrail (baigne) dans le sang des pécheurs, et le char jusqu'à ce que sa partie supérieure soit submergée.

4. Et en ces jours, les anges descendront dans un lieu caché, ils rassembleront sur un seul point tous ceux qui ont fait descendre le péché (sur la terre) ; et en ce jour du

jugement, le Très-Haut se lèvera pour rendre le grand jugement au milieu des pécheurs. 5. Et il donnera des gardiens d'entre les anges saints à tous les justes et les saints ; ils les garderont comme la prunelle de l'œil jusqu'à ce qu'il consume tout mal et tout péché ; et si les justes dorment d'un long sommeil, ils n'auront rien à craindre.

6. Et les hommes sages verront la vérité, et les enfants de la terre comprendront toutes les paroles de ce livre, et ils reconnaîtront que leur richesse ne peut pas les sauver dans la ruine de leur péché.

7. Malheur à vous, pécheurs, si vous affligez les justes au jour de l'angoisse terrible et (si) vous les brûlez dans le feu : vous recevrez la récompense de vos œuvres.

8. Malheur à vous, épais de cœur qui veillez pour concevoir le mal : l'épouvante va s'emparer de vous et personne ne vous secourra.

9. Malheur à vous, pécheurs, pour la parole de votre bouche et pour l'œuvre de vos mains qu'a faite votre impiété : dans une fournaise de flamme vous brûlerez,

10. Et maintenant sachez que vos actions seront recherchées par les anges dans le ciel, et par le soleil, par la lune et par les étoiles, à cause de votre péché, car sur la terre vous rendez le jugement contre les justes. 11. Et tout nuage et nuée et rosée et pluie témoignera contre vous, car ils vont tous refuser de descendre sur vous, et ils penseront à vos péchés. 12. Offrez donc des présents à la pluie pour qu'elle ne refuse pas de descendre sur vous, et à la rosée, si

elle accepte de vous l'or et l'argent, pour qu'elle descende. 13. Lorsque fondront sur vous les frimas et la neige, leur froid et tous les tourbillons de neige et tous leurs tourments, en ces jours vous ne pourrez pas tenir devant eux.

CHAPITRE CI

Exhortation à la crainte du Tout-Puissant : toute la nature tremble devant lui, à l'exception des pécheurs.

1. Enfants du ciel, considérez le ciel et toute l'œuvre du Très-Haut, et tremblez devant lui et ne faites pas le mal en sa présence. 2. S'il ferme la fenêtre du ciel et s'il empêche la pluie et la rosée de tomber sur la terre à cause de vous, que ferez-vous ? 3. Et s'il envoie contre vous sa colère à cause de toutes vos œuvres, il n'y aura pas à le supplier, car vous prononcez contre sa justice des paroles superbes et impudentes ; aussi vous n'aurez pas de paix.

4. Et ne voyez-vous pas les pilotes des navires, comment leurs navires sont agités par les flots et secoués par les vents, et tombent en danger. 5. Et à cause de cela, ils craignent que toutes leurs belles richesses n'aillent dans la mer avec eux, et ils ne pensent rien de bon dans leur cœur ; (ils pensent) que la mer les dévorera et qu'ils y périront. 6. Toute la mer et toutes ses eaux et tout son mouvement ne sont-ils pas l'œuvre du Très-Haut ; et n'a-t-il pas mis son sceau sur toute son action (de la mer), et ne l'a-t-il pas

enchaînée tout entière dans le sable ? 7. A sa réprimande elle tremble et elle se dessèche, et tous ses poissons périssent ainsi que tout ce qu'elle contient, et vous, pécheurs, qui êtes sur la terre, vous ne le craignez point ! 8. N'a-t-il pas fait le ciel et la terre et tout ce qu'ils contiennent ? Et qui a donné la science et la sagesse à tous ceux qui se meuvent sur la terre et dans la mer ? 9. Les pilotes des navires ne craignent-ils pas la mer, et les pécheurs ne craignent pas le Très-Haut !

CHAPITRE CII

Terreur des derniers jours. Malheur apparent des justes.

1. En ces jours, s'il jette sur vous un feu terrible, où fuirez-vous et comment vous sauverez-vous? Et s'il lance sa parole contre vous, ne serez-vous pas consternés et ne tremblerez-vous pas ? 2. Et tous les luminaires seront pris d'une grande crainte, et la terre entière sera consternée, tremblera et se troublera. 3. Et tous les anges accompliront leur mission et ils voudront se cacher devant la grande gloire, et les enfants de la terre trembleront et se troubleront ; mais vous, pécheurs, vous serez éternellement maudits, et il n y aura pas de paix pour vous.

4. Ne craignez pas, vous, âmes des justes, et ayez confiance, vous qui êtes morts dans la justice. 5. Et ne vous

attristez pas parce que votre âme est descendue dans le scheol dans la tristesse, et que votre chair n'a pas reçu pendant votre vie selon votre vertu, mais qu'au contraire (elle est descendue dans le scheol) en un jour où vous êtes devenus (comme) pécheurs, et au jour de la malédiction et du châtiment. 6. Lorsque vous mourez, les pécheurs disent de vous : « Comme nous sommes morts, les justes sont morts, et quel profit ont-ils retiré de leurs œuvres ? 7. Voici que comme nous ils sont morts dans la tristesse et dans les ténèbres, et qu'ont-ils de plus que nous ? Désormais nous sommes égaux. 8. Et qu'emporteront-ils et que verront-ils dans l'éternité ? Car voici qu'ils sont morts, eux aussi, et désormais ils ne verront plus jamais la lumière. »

9. Je vous dis : Vous, pécheurs, il vous suffit de manger et de boire, de piller et de pécher, de dépouiller les hommes et d'acquérir des richesses, et de voir des jours heureux. 10. N'avez-vous pas vu quelle a été la fin des justes ? Aucune violence n'a été trouvée en eux jusqu'à leur mort. 11. Et ils ont péri (cependant) et ils ont été comme s'ils n'avaient pas été, et leurs âmes sont descendues dans le scheol dans l'affliction.

CHAPITRE CIII

Solution de l'énigme apparente qu'est la vie des justes. Nouvelles objections des pécheurs.

1. Mais maintenant je vous jure à vous, justes, par la gloire du Grand, du Glorieux et du Puissant en domination, et par sa grandeur je vous jure à vous : 2. Moi, je connais le mystère, je l'ai lu sur les tablettes du ciel, et j'ai vu l'écrit des saints et j'y ai trouvé écrit et gravé à leur sujet (des justes) 3. que tout bien et joie et honneur a été préparé et écrit pour les âmes de ceux qui sont morts dans la justice, et que de nombreux biens vous seront donnés en récompense de vos travaux, et que votre sort sera meilleur que celui des vivants. 4. Et vos âmes, à vous qui êtes morts dans la justice, vivront et se réjouiront et exulteront, et elles ne périront pas, vos âmes, et leur mémoire ne (passera pas) devant la face du Grand dans toutes les générations du monde ; désormais vous ne craindrez plus leur déshonneur.

5. Malheur à vous qui mourez, pécheurs, si vous mourez dans la richesse de vos péchés et que ceux qui vous ressemblent disent de vous : « Heureux ces pécheurs ! Ils ont vu tous leurs jours. 6. Et maintenant ils sont morts dans le bonheur et dans les richesses, et ils n'ont pas vu pendant leur vie l'affliction et le meurtre ; ils sont morts dans la gloire et il n'a pas été rendu de jugement sur eux pendant leur vie. »

7. Vous saurez qu'on fera descendre vos âmes dans le scheol ; elles (y) seront malheureuses et leur affliction sera grande. 8. Et votre âme entrera dans les ténèbres et dans les liens et dans une flamme ardente, là où aura lieu le grand châtiment, et le grand châtiment durera dans toutes les

générations du monde ; malheur à vous, car vous n'aurez pas de paix.

9. Ne dites pas des justes et des bons qui sont en vie : « Aux jours de leur vie ils ont beaucoup travaillé et ils ont vu toute affliction, ils ont éprouvé des maux nombreux et ils ont été consumés et diminués et leur âme s'est rapetissée. 10. Ils sont perdus et ils n'ont trouvé personne qui les secoure, pas même d'un mot et en rien ; ils sont accablés de douleur et ils sont perdus et ils n'espèrent pas voir la vie d'un jour à l'autre. 11, Ils espéraient être la tête et ils sont la queue. Ils ont souffert en travaillant, et ils ne disposent pas du fruit de leur travail ; ils sont la nourriture des pécheurs, et les méchants ont appesanti leur joug sur eux. 12. Ils les ont dominés ceux qui les haïssent et ceux qui les frappent ; et devant ceux qui les haïssent ils ont baissé la tête, et ils n'ont pas eu pitié d'eux. 13. Ils ont voulu s'éloigner d'eux pour fuir et se reposer, et ils n'ont pas trouvé où s'enfuir et leur échapper. 14. Et ils les ont accusés auprès des princes dans leur affliction, et ils ont crié contre ceux qui les dévorent, mais ils ne font pas attention à leur cri et ils ne veulent pas écouter leur voix. 15. Ils aident ceux qui les dépouillent et les dévorent et ceux qui ont diminué leur nombre, et ils cachent leur violence, et ils n'enlèvent pas de sur eux le joug de ceux qui les dévorent, les dispersent et les tuent ; ils cachent leur meurtre, et ils ne se souviennent pas qu'ils (les méchants) ont élevé leurs mains contre eux. »

CHAPITRE CIV

Assurances données aux justes. Apostrophe aux pécheurs et aux falsificateurs de la parole de vérité.

1. Je vous (le) jure, à vous : dans le ciel les anges se souviennent de vous en bien, en présence de la gloire du Grand ; et vos noms sont écrits en présence de la gloire du Grand. 2. Espérez, car d'abord vous avez été affligés dans le malheur et dans la souffrance, mais maintenant vous brillerez comme les luminaires du ciel. Vous brillerez et vous apparaîtrez, et la porte du ciel s'ouvrira devant vous. 3. Et de votre cri, criez justice et elle vous apparaîtra, car toute votre affliction sera recherchée sur les princes et sur tous ceux qui ont aidé ceux qui vous dépouillent. 4. Espérez et ne renoncez pas à votre espoir, car vous jouirez d'une grande joie comme les anges des cieux, 5. Que ferez-vous ? Vous n'aurez pas à vous cacher au jour du grand jugement, vous ne serez pas trouvés pécheurs, et le jugement éternel aura lieu loin de vous pour toutes les générations du monde. 6. Et maintenant ne craignez pas, ô justes, quand vous voyez les pécheurs fermes et heureux dans leur voie, et ne vous associez pas à eux, mais éloignez-vous de leur violence, car vous aurez part au sort de l'armée du ciel.

7. Vous dites, en effet, vous, pécheurs : « Ne recherchez pas et n'écrivez pas tous nos péchés. » — On écrit tous vos péchés tous les jours. 8. Et maintenant je vais vous montrer que la lumière et les ténèbres, le jour et la nuit voient tous vos péchés.

9. Ne soyez pas impies dans vos cœurs, ne mentez pas, n'altérez pas la parole de vérité et n'accusez pas de mensonge la parole du Saint et du Grand, et ne prisez pas vos idoles, car tous vos mensonges et toutes vos impiétés ne vous seront pas imputées à justice, mais à grand péché. 10. Et maintenant je sais ce mystère : les pécheurs altéreront et dénatureront fort la parole de vérité, et ils proféreront des paroles mauvaises, et ils mentiront et ils inventeront de grandes faussetés, et ils écriront des livres sur leurs paroles. 11. Mais s'ils écrivent toute ma parole selon la vérité, en leurs langues, et qu'ils n'altèrent pas et qu'ils n'abrègent pas mes paroles, mais qu'ils écrivent tout selon la vérité, tout ce que j'ai attesté au commencement à leur sujet, (dans ce cas) 12. je sais un autre mystère : les livres seront donnés aux justes et aux sages pour (leur communiquer) la joie et la vérité et une grande sagesse. 13. Les livres leur seront donnés, et ils y croiront et ils s'en réjouiront et ils recevront la récompense, tous les justes qui y auront appris toutes les voies de vérité.

CHAPITRE CV

Dieu ordonne aux justes de publier la sagesse des écrits d'Hénoch.

1. En ces jours, le Seigneur ordonna (aux justes) d'appeler les enfants de la terre et de leur témoigner sur leur

sagesse : « Montrez (la) leur, car vous êtes leurs guides, ainsi que les récompenses (qui auront lieu) sur toute la terre. 2. [Car moi et mon fils nous leur serons unis éternellement dans les voies de la vérité pendant leur vie], et vous aurez la paix. Réjouissez-vous, enfants de la vérité ! Amen. »